노래만 부르면 저절로 외워지는

참 조 한 자

7급 **1**권

노래만 부르면 저절로 외워지는
창조한자 7급 1권

편 저 자 : 박필립
작   곡 : 손해석
펴 낸 곳 : 현보문화
펴 낸 이 : 김명순
제 휴 처 : CTS기독교TV 교회학교
편집기획 : 박화연
내용삽화 : 박신애
출판등록 : 제 2003-8
전   화 : 050-2430-1004 (출판사)
           070-8771-2542 (저자)
           02-6333-2525 (CTS 교회학교)
홈페이지 : www.biblehanja.co.kr
           copyright@2014 박필립

저자와 협의하에 인지생략

저작권법에 따라 보호받는 저작물이므로 무단전재와 복제를 금지하며
내용의 전부 또는 일부를 이용하려면 반드시 저작권자의 서면 동의를 받아야 합니다.

[주요 저서]
- CTS기독교TV 교회학교용
  '노래만 부르면 저절로 외워지는 창조한자'
  시리즈 전 20권
- '신비한 성경 속 한자의 비밀'
- '재밌는 성경 속 사자성어 구약편' (전 4권)
- '재밌는 성경 속 사자성어 신약편' (전 2권)
- '크리스천이면 알아야 할 맛있는 성경상식'
- '한자에 숨어있는 성경이야기'
- '성경보감'
- '성경이 만든 한자 DVD'
- '성경한자교육사 연수교재' 3급, 2급
- '금성 푸르넷 게임한자' 외 20여권

朴 必 立

    어렸을 때부터 논어, 맹자 등 사서오경을 비롯한 한문고전들을 오랫동안 공부하였고, '성경서예 개인전'을 개최한 서예가이다.

    런던 타임즈, 국민일보 등에 한자의 기원에 대해 연재를 하며 극동방송에 고정 출연하는 등 각종 방송과 언론을 통해 성경한자를 통한 선교활동에도 열성적으로 힘을 쏟고 있다.

    사단법인 성경한자교육협회 회장인 저자는 CTS기독교TV 교회학교와 제휴하여 활동하면서 사단법인 한국칼빈주의 연구원 'C-STORY 운동(총재 정성구 박사)' 이사 직분을 섬기고 있다.

    한국창조과학회 교육위원도 겸하고 있는 저자는 전국 교회는 물론이고, 그를 필요로 하는 곳에서 부르면 무조건 달려가서 '신비한 성경 속 한자의 비밀'이란 주제로 강의를 통한 은혜를 나누고 있다.

    특히 유교식 한자 교육을 탈피하고 성경적 한자 교육을 보급시키기 위해 성경 속에서 네 글자 거룩한 말씀을 발췌한 '사자성어(四字聖語)'와 한자(韓字)가 동이족 문자임을 성경의 말씀대로 증거한 '신비한 성경 속 한자의 비밀'을 출판하여 중국과 북한 선교를 위한 문서사역을 하고 있다.

노래만 부르면 저절로 외워지는 창조한자를 내면서…

　신앙을 떠나서도 성경은 인류 최고의 책이자 인생의 지침서로서 더 이상의 책이 없다고 확신한다.
　그런데 지금까지 보급된 한자급수 관련 학습서를 보면 대부분 각 한자의 활용단어나 예문이 유교 혹은 불교 아니면 어떤 의미도 없는 그저 구색 맞추기로 일관되고 있음을 쉽게 확인할 수 있다.

　그래서 필자는 성경을 통한 한자를 익힐 수 있는 창조한자를 집필하여 모든 어린이들에게 선물 하고 싶었다. 물론 이 생각은 수 년 전부터 해왔지만 생활인으로서 여러 바쁜 일정 때문에 선뜻 실행에 옮기지 못하다가 한자를 통한 교회학교 부흥 방법을 모색하며 기도하던 중 CTS기독교TV 교회학교에서 제휴 제안이 들어온 것을 계기로 그동안 마음속에만 담아 두었던 원고를 쓰게 되었다.
　이 책은 4분의 4박자 혹은 4분의 3박자 동요곡이나 찬송가 등의 곡에 붙여 노래하면 저절로 외워지는 학습법으로 창안했다. 그 가사 자체가 각 한자의 자원을 정확히 풀어주는 원리를 제시하기 때문에 별도로 외울 필요가 없다는 점이 특징 중의 으뜸이다.
　그리고 오랜 세월동안 변천해 온 각 한자의 글꼴을 갑골문자(甲骨文字)부터 전서, 예서, 해서 역대 명필의 서체를 제시하여 문자의 변천사도 함께 공부할 수 있는 수준 높은 편집도 다른 책에서는 찾아볼 수 없는 특징이라고 자랑하고 싶다.
　또한 각 한자마다 일상생활에서 사용하는 예문은 물론이고 해당하는 성경구절을 읽으면서 교훈을 얻을 수 있도록 심혈을 기울여 집필하였다.

　아무쪼록 이 노래만 부르면 저절로 외워지는 창조한자 학습서를 통하여 이 땅의 어린이들이 한자 학습에 흥미를 느끼기를 첫 번째로 소망한다. 그 다음은 다가오는 세대에게 기독교 복음을 전도하고 기독교를 이끌어갈 어린이들이 우리 동이족의 문자 설문해자에 근거한 자원풀이와 성경 말씀에 기반을 둔 이 교재를 통하여 제대로 된 한자 학습을 할 수 있기를 희망한다.
　그러나 그보다 더 중요한 것은 한자의 올바른 의미를 깨닫고 성경 말씀을 가까이하면서 하나님을 경외하는 새 생명으로 거듭나기를 간구한다.

朴必立

추천사

평생을 한학에 몰두해 오면서 한자교육과 관련한 많은 저서를 집필한 박필립 교수가 누구나 쉽게 노래를 부르면서 배울 수 있는 교회학교용 '창조한자' 책을 집필하였다. **어린 학생들의 인성교육과 더불어 교회학교 부흥과 전도에 활용 할 수 있는 一石二鳥(일석이조)의 한자교재**이어서 이를 기쁘게 생각하며 추천하는 바이다.

백석대학교 부총장 신학박사 金 義 援 목사
총신대학교 2대 총장

박필립 교수가 집필한 창조한자 교재가 왜 이제야 나왔나하는 아쉬움이 든다. 왜냐하면 「창조한자」책 내용을 자세히 살펴보니 참으로 교회학교 어린이뿐만 아니라 일반 학생 및 성인들도 쉽게 배울 수 있는 획기적인 책이라 생각되었기 때문이다. **창조한자를 통해 수많은 어린이들이 예수님의 사랑을 알게 될 수 있을 것**이라 생각하며 적극 추천하는 바이다.

칼빈대학교 총장 신학박사 金 在 淵 목사
세계비전 교회 담임 목사(25년)

전국의 교회학교에 학생들이 줄어가는 것에 많은 목회자들이 염려하고 있다. 이런 상황에서 한자를 통한 교회학교 부흥을 도모하는 평신도가 있어 주목을 끈다. 평생을 한학에 몰두해오면서 한자교육과 관련한 많은 저서를 집필한 박필립 교수이다. 그는 '노래만 부르면 저절로 외워지는 창조한자'를 통해 **어린이들이 노래를 통해 쉽고 재미있게 한자를 배우면서 성경을 알게** 만들었다.

호남신학대학교 총장 신학박사 魯 英 相 목사

우선 박필립 교수의 노고를 치하한다. 『창조한자』는 성경말씀의 내용을 익히는데 도움을 줄 뿐만 아니라, 배우는 과정에서 저절로 우리들의 삶에 유익한 한자를 익힐 수 있는 특징을 가지고 있다. 오늘날 우리들은 한글 전용을 선호한 시대에 살고 있기 때문에 한자를 익히는 데는 소홀히 하고 있다. 하지만 한국의 문화와 역사는 한자를 도외시 할 수 없는 상황이다. 특별히 우리의 어린 자녀들이 성경을 배우면서 한자도 습득하게 되면 자녀들의 개개인의 삶도 풍요롭게 될 것이지만, 한국 전체의 문화 수준이 더 높아질 것임은 불을 보듯 확실하기 때문에 **본서를 적극 추천하며 한국교회가 이를 잘 활용하여 미래를 준비하는 계기**가 되었으면 한다.

웨스트 민스터 신학대학원대학교 총장 신학박사 朴 炯 庸 목사

추천사

박필립교수가 '노래만 부르면 저절로 외워지는 창조한자'를 CTS기독교TV와 함께 교회학교 부흥운동을 펼치는 선한 행위에 하나님께서 기뻐하시리라 믿습니다. **전국의 교회학교에서 '창조한자' 교육을 어린이들이 성경을 더 쉽게 이해하고 올바른 신앙생활을 할 수 있는 기초가 되길** 희망합니다.

대한예수교장로회 89회 총회장 徐 基 行 목사

우리말 성경은 소리글자인 한글과 뜻글자인 한자의 두 가지 장점을 바탕으로 기록되었기 때문에 세계에서 원어를 가장 잘 번역한 성경으로 손꼽히고 있습니다. 그런데 우리는 순한글 성경만으로 신앙지도를 하고 있기 때문에 평소 이 점을 안타깝게 생각해 왔는데, 때마침 박필립 교수가 **성경 말씀을 바탕으로 교회학교용 한자책인 「창조한자」를** 출판한다는 반가운 소식을 접하고 이 책이 **전국 교회학교 부흥의 밑거름이 될 것이라고 생각**하면서 적극 추천합니다.

증경총회장 安 永 老 목사
한국기독교 총연합회 명예회장 / 세계농촌선교센터대표

동방의 문자인 한자가 성경을 바탕으로 만들어졌다는 믿음으로 한평생을 연구해 오신 박필립 교수님이 CTS기독교TV와 함께 교회학교 부흥을 위해 집필한 창조한자 교재를 살펴보고 놀라움과 기쁨을 감출 수 없어 **예수님을 아직도 모르고 자라나는 우리 아이들이 하루라도 빨리 접할 수 있게 되기를 희망**하면서 교회학교에 적극 추천합니다.

광주교육대학교 2대 총장
이학박사 李 正 宰 장로
한국대학교총장협회 부회장 / 한국청소년선도협의회 총재

박필립 교수가 집필한 창조한자 교재는 책 이름처럼 참으로 창조적인 학습법이라 생각합니다. 어렵다고 생각되어 쉽게 접근하기 어려운 한자를 노래만 부르면 저절로 외워지는 학습법도 새롭지만 더욱이 **성경 말씀을 바탕으로 한자를 학습할 수 있는 한자교재이기 때문에 교회 학교부흥에 크게 이바지 할 것이라 믿어** 의심치 않아 추천합니다.

광신대학교 총장 신학박사 丁 圭 男 목사

박필립 교수가 성경 속의 한자어를 바탕으로 누구나 쉽게 노래 부르면서 배울 수 있는 교회학교 활용교재인 '창조한자' 책을 집필했다는 반가운 소식을 전할 수 있어 기쁨 마음으로 추천하는 바이다.
이 '창조한자'를 통해 **많은 어린이들이 복음을 접할 수 있는 또 하나의 통로가 되고, 교회학교가 부흥하는데 작은 도움이라도 되기를** 기대한다.

신학박사 鄭 聖 久 목사
전 총신대 학장 2회 및 대신대 총장
현 한국칼빈주의연구원장 / 사단법인 성경한자교육협회 이사장

추천사

한평생을 한문연구에 몰두하신 박필립 회장님(성경한자교육협회)이 새로 저술한 한자교재인 노래만 부르면 저절로 외워지는 창조한자는 우리의 아이들이 한자 습득 뿐 아니라, 하나님의 말씀인 성경을 학습하는 일거양득의 도움이 있을 것으로 판단하여 교회학교에 적극 추천하는 바이다.

총신대학교 직전총장 신학박사 鄭 一 雄 목사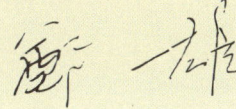

교회학교 교재인 '창조한자'를 출간하여 하나님을 제일 기쁘시게 해드린 박필립 교수님이 더 큰 영광을 하나님께 올려드릴 것을 기대합니다.
우리 인천순복음교회에서 '창조한자'를 교회학교 공과교재로 채택하여 응원합니다.

인천순복음교회 당회장 崔 聖 奎 목사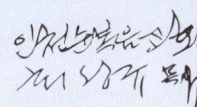

대한예수교 장로회 광주동명교회에서 나에게 신앙생활을 시작한 박필립 교수가 국문학자이셨던 선친(조선대학교 사범대학장 박홍원 교수)의 가르침으로 한학에 일로매진해 오던 중 새롭게 집필한 '창조한자'는 성경 말씀을 바탕으로 한자의 자원을 풀이하였을 뿐 아니라 찬송가 등의 곡에 맞춰 노래로 부르기만 하면 저절로 외워지는 교재인지라 놀라움을 금치 못하면서 어린이들이 누구나 쉽게 노래를 부르면서 배울 수 있는 교회학교용 '창조한자' 책으로 인하여서 전국의 교회학교가 부흥되어 미래 기독교를 이끌어갈 동량들이 많이 배출되기를 기도하며 추천합니다.

대한예수교 장로회 광주동명교회 崔 基 采 원로목사

대학교에서 교수로 신학도들을 가르치다가 목회현장에 오니 놀랍게 되는 게 교회 임직자들과 일반 성도들이 성경에 대해 잘 알지 못하는 면이 많다는 것과 그분들의 자녀들이 성경에 대해 무관심하고 신앙생활이 겨우 교회 다니는 것으로, 아니면 아예 교회를 등진 자녀들이 많다는 것이다. 이런 현실에서 박필립 교수의 재미있고 배우기 쉬운 창조한자를 통한 성경교육을 가정과 교회에서 사용할 수 있는 필수참고서라고 봐서 정중하게 추천하는 바이다.

신학박사 崔 鐘 震 목사
전 서울신학대학교 교수 및 총장, 한국기독교학회장
현 서울신대 명예교수 및 성북성결교회 담임목사

※ 추천사는 가, 나, 다 순으로 게재하였습니다.

노래만 부르면 저절로 외워지는
창조한자의 특징

- 노래만 부르면 각 한자의 원리와 함께 낱글자를 익히는 국내 최초 유일의 한자학습 비법이다.

- 가사 자체가 각 한자의 원리를 정확하게 풀어주므로 재미있게 노래 부르는 것이 한자 학습이 된다.

- 노래 악보는 제시된 찬송가 멜로디만 익히면 누구나 쉽게 따라 부르면서 한자를 학습할 수 있도록 구성되었지만 아이들이 자기가 아는 4분의 4박자 등의 동요 곡 등에 붙여 노래해도 저절로 외워지는 학습 비법으로 구성되었다.

- 각 글자마다 성경 구절 속에서 찾아 읽어 볼 수 있도록 편집하여 성경에 바탕을 둔 한자 학습법이 될 수 있도록 편집하였다.

- 성경 구절 속의 낱말에 해당하는 한자를 찾아가면서 다양한 모양의 비슷한 한자를 눈여겨 볼 수 있는 目印法(눈도장 찍는 법) 학습법을 창안하여 변별력을 높일 수 있는 학습법으로 편집하였다.

- 매주 마다 학습자 본인 스스로 배운 내용을 체크해 볼 수 있도록 복습복습 코너를 두어 자율학습이 될 수 있도록 구성하였다.

- 오랜 세월동안 변천해 온 각 한자의 글꼴을 **갑골문자**부터 **전서, 예서, 해서** 순서대로 역대 명필의 서체를 제시하여 문자의 변천사도 함께 공부하면서 정서적 안목도 높일수 있도록 기획한 수준 높은 편집도 다른 책에서는 찾아볼 수 없는 특징이다.

  갑골문(甲骨文) : 고대 중국에서, 거북의 등껍질이나 짐승의 뼈에 새긴 상형문자로 한자의 가장 오래된 형태를 보여 주는 서체
  전　서(篆書) : 진시황제 때(B.C 221년경) 승상 이사(李斯)가 대전의 자형을 간략하게 변형하여 만든 서체
  예　서(隸書) : 진(秦)나라 때 옥리였던 정막이가 번잡한 전서를 생략하여 만들었다는 서체인데, 노예와 같이 천한 일을 하는 사람도 이해하기 쉽도록 한 글씨라는 뜻에서 붙여진 이름이다.
  해　서(楷書) : 후한(後漢) 때 왕차중(王次仲)이 만들었다고 전해지는 서체로 정서(正書) 또는 진서(眞書)라고도 한다.

노래만 부르면 저절로 외워지는
창조한자의 학습법

한자 학습의 기본은 반복학습이다.

인간은 태어나면서부터 반복을 하면서 생활 방식을 익혀가는 특성을 지녔다. 그래서 예로부터 반복학습을 중요시하였음을 여러 곳에서 쉽게 찾아볼 수 있다. 글을 백번 읽으면 뜻이 저절로 나타난다거나, 논어의 첫 구절인 '學而時習之(학이시습지)'도 "배운 것을 때마다 반복해서 익히는 것"을 강조하는 말이다.

바로 이 창조한자 책은 노래를 부르면서 흥미롭게 익히되, 각 페이지를 차근차근 넘겨가면서 학습하다보면 자신도 모르게 반복하게 되어 저절로 익혀지는 특수학습법으로 구성되었다.

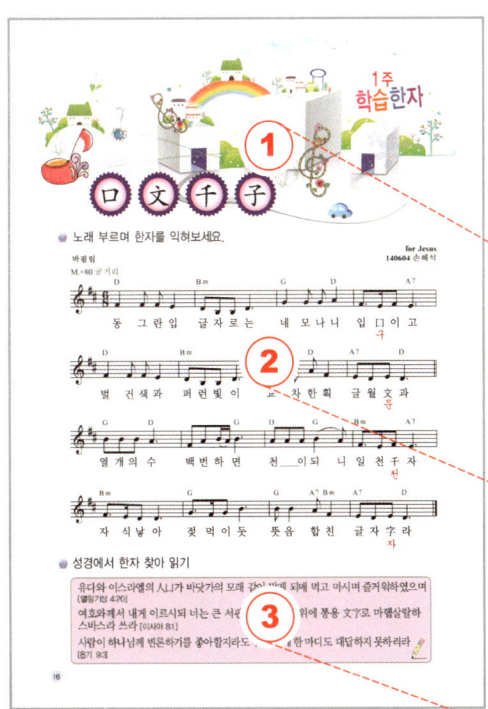

① 이번 주에 배울 한자가 어떤 것인지 급수 한자 표에서 눈 도장을 찍어둔다.

② 그 주에 배울 한자 원리 가사를 주어진 곡에 맞춰 3~4회 반복해서 노래를 부른다.

③ 성경 구절 속에서 이 주에 배울 한자가 어떻게 쓰이고 있는지를 읽어본다.

④ 한자의 음과 훈을 큰 소리로 읽어보고 한자의 모양이 어떻게 만들어져서 변화했는가를 잘 살펴본 후 한자의 원리를 노래가사를 생각하면서 읽어본다.

⑤ 필순을 보면서 훈과 음을 소리내어 읽으면서 예쁘게 써 본다.

⑥ 그림을 보고 문장 속의 ( )안에 알맞은 한자를 써 본다.

⑦ 거꾸로 쓰인 한자의 훈과 음을 알아 맞혀 본다.

⑧ 문장 속에 밑줄 친 한자의 음이 잘못된 것을 바르게 고쳐 쓴다.

⑨ 성경 구절 속에 밑줄 친 뜻에 맞는 한자를 골라 연결하면서 모양이 비슷한 한자를 구별하는 목인법(눈도장 찍는법) 학습을 한다

⑩ 한자어를 써 보면서 한자어가 들어간 문장을 큰 소리로 읽어 본다.

노래만 부르면 저절로 외워지는 — 창조한자 〈〈〈〈

차례

이 책을 내면서	6
추 천 사	7
이 책의 특징	10
이 책의 학습법	11
차례	13
한자능력검정시험 안내	14
7급 • 1권 한자 한 눈에 보기	15
1-1주 : 口 文 千 子	16
1-2주 : 主 語 重 心	31
1-3주 : 白 夫 出 入	46
1-4주 : 반복학습	61
1-5주 : 秋 夕 夏 冬	67
1-6주 : 春 來 同 色	82
1-7주 : 地 面 登 花 草	97
1-8주 : 반복학습	115
아하! 급수시험이 이거구나~♬	121
급수시험 해답	122
급수시험 답안지 양식	123

>>>> 노래만 부르면 저절로 외워지는 ― 창조한자

전국한자능력검정시험 안내

주관처 : 한국어문회
시행처 : 한국한자능력검정회

■ 급수배정

급수	읽기	쓰기	수준 및 특성
4급	1,000	500	중급 상용한자 활용의 고급 단계 (상용한자 1000자, 쓰기 500자)
4급II	750	400	중급 상용한자 활용의 중급 단계 (상용한자 750자, 쓰기 400자)
5급	500	300	중급 상용한자 활용의 초급 단계 (상용한자 500자, 쓰기 300자)
5급II	400	225	중급 상용한자 활용의 초급 단계 (상용한자 400자, 쓰기 225자)
6급	300	150	기초 상용한자 활용의 고급 단계 (상용한자 300자, 쓰기 150자)
6급II	225	50	기초 상용한자 활용의 중급 단계 (상용한자 225자, 쓰기 50자)
7급	150	–	기초 상용한자 활용의 초급 단계 (상용한자 150자)
7급II	100	–	기초 상용한자 활용의 초급 단계 (상용한자 100자)
8급	50	–	한자 학습 동기 부여를 위한 급수 (상용한자 50자)

- 상위급수 한자는 하위급수 한자를 모두 포함하고 있습니다.
- 쓰기 배정 한자는 한두 급수 아래의 읽기 배정한자이거나 그 범위 내에 있습니다.
- 초등학생은 5급 취득에 목표를 두고, 학습하길 권해 드립니다.

■ 급수별 출제기준

구분	4급	4급II	5급	5급II	6급	6급II	7급	7급II	8급
독 음	32	35	35	35	33	32	32	22	24
훈 음	22	22	23	23	22	29	30	30	24
장단음	3	0	0	0	0	0	0	0	0
반의어(상대어)	3	3	3	3	3	2	2	2	0
완성형(성어)	5	5	4	4	3	2	2	2	0
부 수	3	3	0	0	0	0	0	0	0
동의어(유의어)	3	3	3	3	2	0	0	0	0
동음이의어	3	3	3	3	2	0	0	0	0
뜻풀이	3	3	3	3	2	2	2	2	0
약 자	3	3	3	3	0	0	0	0	0
한자 쓰기	20	20	20	20	20	10	0	0	0
필 순	0	0	3	3	3	3	2	2	2
한 문	0	0	0	0	0	0	0	0	0
출제문항(계)	100	100	100	100	90	80	70	60	50

7급 한자 중 이 책에서 배울 한자

歌 노래 가	口 입구	旗 기 기	同 한가지 동	洞 골 동
冬 겨울 동	登 오를 등	來 올 래	老 늙을 로	里 마을 리
林 수풀 림	面 낯 면	命 목숨 명	文 글월 문	問 물을 문
百 설 립	夫 매양 매	算 셈 산	色 빛 색	夕 저녁 석
少 적을 소	所 바 소	數 셈 수	植 심을 식	心 마음 심
語 말씀 어	然 그럴 연	有 있을 유	育 기를 육	邑 고을 읍
入 들 입	字 글자 자	祖 할아비 조	主 주인 주	住 살 주
重 무거울 중	地 땅 지	紙 종이 지	千 일천 천	川 내 천
天 하늘 천	草 풀 초	村 마을 촌	秋 가을 추	春 봄 춘
出 날 출	便 편할 편	夏 여름 하	花 꽃 화	休 쉴 휴

1주 학습한자

口 文 千 子

● 노래 부르며 한자를 익혀보세요.

박필립
M.=80 굳거리

for Jesus
140604 손해석

동 그란입 글자로는 네 모나니 입 口 이고
구

벌 건색과 퍼런빛이 교 차한획 글월 文 과
문

열 개의 수 백번하면 천 이되 니 일천 千 자
천

자 식낳아 젖먹이듯 뜻음 합친 글자 字 라
자

● 성경에서 한자 찾아 읽기

유다와 이스라엘의 人口가 바닷가의 모래 같이 많게 되매 먹고 마시며 즐거워하였으며
[열왕기상 4:20]

여호와께서 내게 이르시되 너는 큰 서판을 가지고 그 위에 통용 文字로 마헬살랄하스바스라 쓰라 [이사야 8:1]

사람이 하나님께 변론하기를 좋아할지라도 千 마디에 한 마디도 대답하지 못하리라
[욥기 9:3]

 입 구

부수 口(입 구)   총획 3획

간체자

훈(뜻) : 입 또는 사람, 문이라는 뜻입니다.
음(소리) : 구라고 읽습니다.

• 口(Kǒu)커우

口(입 구)의 변천 과정을 살펴보고, 어떻게 만들어졌나 잘 읽어보세요.

갑골문   전서   예서   해서

口는 사람의 입 모양[ㅂ]을 본뜬 글자로, '입', '문', '사람'이라는 뜻으로 사용됩니다.

● 필순에 따라 口를 바르게 써 보세요.

● 다음 그림을 보고 문장의 ( )안에 알맞은 한자를 써 보세요.

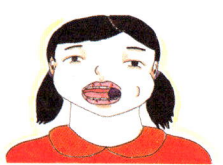

사탕을 입( )에 넣고는 바삭 깨물어 먹었습니다.

불이 나면 침착하게 비상구( )를 통해 밖으로 나가야 합니다.

● 다음 거꾸로 된 글자의 훈[뜻]과 음[소리]을 써 보세요.

훈(뜻) :

음(소리) :

● 다음 밑줄 친 한자의 음[소리]을 바르게 고쳐 쓰세요.

문 유다와 이스라엘의 人口(인그)가 바닷가의 모래 같이 많게 되매 먹고 마시며 즐거워하였으며 [열왕기상 4:20]

·· [   ]

● 다음 중 밑줄 친 뜻에 맞는 한자를 골라 연결하세요.

지혜를 얻으며 명철을 얻으라 내 입의 말을 잊지 말며 어기지 말라 [잠언 4:5]

●

● 口(입 구)가 쓰인 문장을 읽고, 한자어를 완성해 보세요.

 글월 문

부수 文(글월 문)   **총획** 4획

간체자

훈(뜻) : 글 또는 글월이라는 뜻입니다.

음(소리) : 문이라고 읽습니다.

• 文(wèn)원

文(글월 문)의 변천 과정을 살펴보고, 어떻게 만들어졌나 잘 읽어보세요.

갑골문 ⇨ 전서 ⇨ 예서 ⇨ 해서

文은 사람의 몸에 그린 무늬 모양[☆]을 본뜬 글자로, '글', '글월'이라는 뜻으로 사용됩니다.

● 필순에 따라 文을 바르게 써 보세요.

글월 문

丶 一 ナ 文

● 다음 그림을 보고 문장의 (　)안에 알맞은 한자를 써 보세요.

그의 글(　　)은 단순하면서도 재미가 있다.

선생님의 글월(　　)을 받고 무척 감격했습니다.

● 다음 거꾸로 된 글자의 훈[뜻]과 음[소리]을 써보세요.

훈(뜻) :

음(소리) :

● 다음 밑줄 친 한자의 음[소리]을 바르게 고쳐 쓰세요.

문 각 지방 각 백성의 文字(몬자)와 언어로 모든 지방에 조서를 내려 이르기를
[에스더 1 : 22]
·· [　　　　　]

● 다음 중 밑줄 친 뜻에 맞는 한자를 골라 연결하세요.

> 여호와께서 두 돌판을 내게 주셨나니 그 돌판의 글은 하나님이 손으로 기록하신 것이요 [신명기 9:10]

●

● 文(글월 문)이 쓰인 문장을 읽고, 한자어를 완성해 보세요.

文人
문인

단어풀이 : 문예에 종사하는 사람.
활용문장 : 어렸을 적부터 나는 文人이 되는 것이 꿈이었다.

文	人
글월 문	사람 인

石文
석문

단어풀이 : 비석이나 벽돌, 기와 따위에 새긴 글.
활용문장 : 비석이나 벽돌, 기와 따위에 새긴 글을 石文이라 한다.

石	文
돌 석	글월 문

口文
구문

단어풀이 : 흥정을 붙여 주고 그 대가로 받는 돈.
활용문장 : 내가 여기서 口文을 한푼이라도 받아먹었다면 성을 갈겠다.

口	文
입 구	글월 문

▌상대자 : 文 ⇔ 武 : 문인(文)의 상대자는 무사(武)입니다.
▌상대어 : 文人 ⇔ 武人 / 문인(文人)의 반의어는 무인(武人)입니다.
▌음이 같지만 뜻이 다른 글자 : 文(글월 문)과 門(문 문), 聞(들을 문), 問(물을 문)

 일천 천

부수 十(열 십)　　**총획** 3획

훈(뜻) : 천이라는 뜻입니다.

음(소리) : 일천라고 읽습니다.

간체자

• 千(qiān)치앤

千(일천 천)의 변천 과정을 살펴보고, 어떻게 만들어졌나 잘 읽어보세요.

갑골문 ⇨ 전서 ⇨ 예서 ⇨ 해서

千은 [丿](삐침 별)에 十(열 십)을 합쳐서 100×10=1,000의 뜻[千]을 나타낸 글자로, '일천'이라는 뜻으로 사용됩니다.

● 필순에 따라 千을 바르게 써 보세요.

일천 천

丿 二 千

● 다음 그림을 보고 문장의 (　) 안에 알맞은 한자를 써 보세요.

광장에 모인 사람의 수가
일천(　　)은 되어 보였다.

'백'의 열 배가 되는 수를
일천(　　)이라 한다.

● 다음 거꾸로 된 글자의 훈[뜻]과 음[소리]을 써 보세요.

훈(뜻) :

음(소리) :

● 다음 밑줄 친 한자의 음[소리]을 바르게 고쳐 쓰세요.

문 그가 잠언 三千(삼전) 가지를 말하였고 그의 노래는 천다섯 편이며
　 [열왕기상 4 : 32]

....[　　　　　　]

● 다음 중 밑줄 친 뜻에 맞는 한자를 골라 연결하세요.

> 만일 일천 천사 가운데 하나가 그 사람의 중보자로 함께 있어서
> 그의 정당함을 보일진대 [욥기 33 : 23]

●

● 千(일천 천)이 쓰인 문장을 읽고, 한자어를 완성해 보세요.

千金
천 금

단어풀이 : 엽전 천 냥이라는 뜻으로, 많은 돈이나 비싼 값을 비유적으로 이르는 말.
활용문장 : 장부의 한 마디 말은 千金으로도 바꿀 수 없다.

千	金							
일천 천	쇠 금							

千百
천 백

단어풀이 : 수천 수백의 많은 수.
활용문장 : 케이팝 가수의 공연장에 千百의 사람들이 몰려왔다.

千	百							
일천 천	일백 백							

三千
삼 천

단어풀이 : 천의 세 배를 나타내는 수.
활용문장 : 낙화암은 三千 궁녀의 슬픈 사연이 있는 곳이다.

三	千							
석 삼	일천 천							

▌ 사자성어 : 千差萬別(천차만별), 千萬多幸(천만다행), 千態萬象(천태만상), 千載一遇(천재일우)
　　　　　一攫千金(일확천금), 一瀉千里(일사천리)
▌ 음이 같지만 뜻이 다른 글자 : 千(일천 천)과 天(하늘 천), 川(내 천)

 글자 **자**

부수 子(아들 자)   총획 6획

간체자

훈(뜻) : 글자라는 뜻입니다.

음(소리) : 자라고 읽습니다.

• 字(zi)쯔

字(글자 자)의 변천 과정을 살펴보고, 어떻게 만들어졌나 잘 읽어보세요.

갑골문 ⇨ 전서 ⇨ 예서 ⇨ 해서

字는 집[宀]에서 부모가 아이[子]를 낳는 것처럼 상형과 지사의 글자로 결합해, 회의, 형서 등의 '문자'를 만든다는 뜻을 나타낸 글자로, '글자' 라는 뜻으로 사용됩니다.

🍊 필순에 따라 字를 바르게 써 보세요.

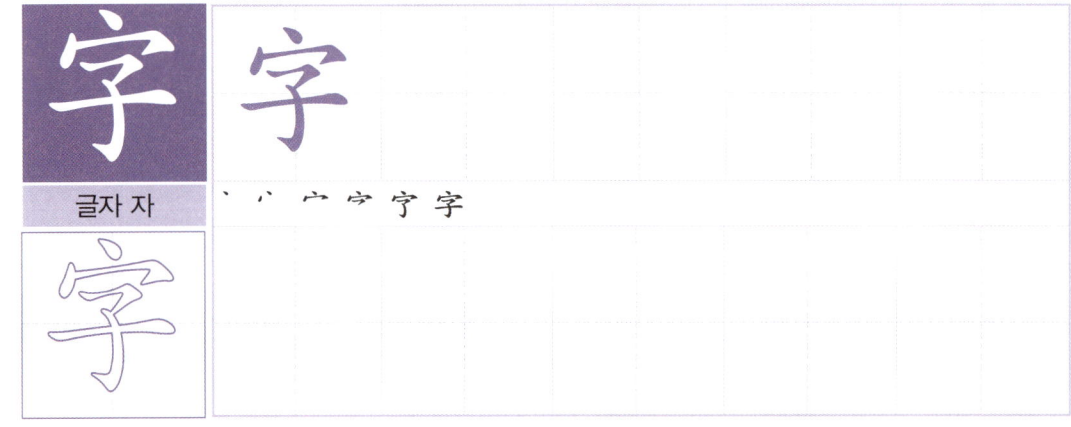

글자 자

丶 丷 宀 宁 字 字

● 다음 그림을 보고 문장의 (   )안에 알맞은 한자를 써 보세요.

한글은 세계에서 가장 과학적인
글자(   )이다.

선생님, 앞에 두 글자(   )가
잘 안 보여요.

● 다음 거꾸로 된 글자의 훈[뜻]과 음[소리]을 써 보세요.

훈(뜻) :

음(소리) :

● 다음 밑줄 친 한자의 음[소리]을 바르게 고쳐 쓰세요.

문 그 글은 아람 文字(문지)와 아람 방언으로 써서 진술하였더라
[에스라 4 : 7]
....[   ]

● 다음 중 밑줄 친 뜻에 맞는 한자를 골라 연결하세요.

모세가 돌이켜 산에서 내려오는데 두 증거판이 그의 손에 있고 그 판의 양면 이쪽 저쪽에 글자가 있으니 [출애굽기 32 : 15]

●

● 字(글자 자)가 쓰인 문장을 읽고, 한자어를 완성해 보세요.

문 자

단어풀이 : 말을 눈으로 읽을 수 있게 나타낸 기호.
활용문장 : 文字는 문명을 일으키는 터전이 되었다.

文　字
글월 문　글자 자

正字
정 자

단어풀이 : 모양을 바르게 또박또박 쓴 글자.
활용문장 : 붓글씨를 처음 배울 때는 正字부터 배우기 마련이다.

正　字
바를 정　글자 자

古字
고 자

단어풀이 : 지금은 쓰이지 않는 옛 체의 글자.
활용문장 : 옛 문헌에는 지금은 쓰이지 않는 古字가 더러 포함되어 있다.

古　字
옛 고　글자 자

▌동음이자 : 字(글자 자)와 子(아들 자), 自(스스로 자), 者(놈 자), 姉(손윗누이 자), 資(재물 자)
▌사자성어 : 識字憂患(식자우환), 一字無識(일자무식), 不立文字(불립문자)

복습 복습 앞에서 배운 한자를 확실하게 익히다!

1 다음 〈보기〉와 같이 한자의 뜻과 음을 쓰세요.

〈보기〉 月 → (달 월)
         ↑ ↑
         뜻 음

① 口 → (   )
② 文 → (   )
③ 千 → (   )
④ 字 → (   )

2 다음 〈보기〉와 같이 뜻과 음에 알맞은 한자를 쓰세요.

〈보기〉 달 월 → (月)

① 입 구   → (   )
② 글월 문 → (   )
③ 일천 천 → (   )
④ 글자 자 → (   )

3 다음 뜻에 해당하는 한자를 쓰세요.

① 입   → (   )   ② 글월 → (   )
③ 일천 → (   )   ④ 글자 → (   )

4 다음 한자어를 〈보기〉와 같이 독음하세요.

〈보기〉 一月 → (일월)

① 口文 → (   )   ② 文字 → (   )
③ 千字 → (   )   ④ 人口 → (   )

5 다음 ( )안에 알맞은 한자를 〈보기〉에서 찾아 써 보세요.

〈보기〉 千 口 字 文

동그란입 글자로는 네모나니 입( )이고
벌건색과 퍼런빛이 교차한획 글월( )과
열개의수 백번하면 천이되니 일천( )자
자식낳아 젖먹이듯 뜻음합친 글자( )라

6 다음의 뜻·소리·한자를 서로 바르게 연결해 보세요.

입 ·   · 문 ·   · 口

글월 ·   · 구 ·   · 文

일천 ·   · 자 ·   · 千

글자 ·   · 천 ·   · 字

7 다음 □안에 알맞은 한자를 써 보세요.

人 　 人 　 三 　 正
인 구 　 인 문 　 삼 천 　 정 자

2주 학습한자

主 語 重 心

● 노래 부르며 한자를 익혀보세요.

박필립
M.=80 굿거리

for Jesus
140604 손해석

촛 대에서 타오르는 심 지모양 주 인主고
나 의의견 말하면서 서 로변론 말씀語며
동 쪽땅위 무거운짐 지__는사 람무거울 重
사 람마음 몸가운데 있 다하여 마음心자

● 성경에서 한자 찾아 읽기

자기 主인에게 시중드는 자는 영화를 얻느니라 [잠언 27:18]
온 땅의 언語가 하나요 말이 하나였더라 [창세기 11:1]
책임이 심히 重하여 나 혼자는 이 모든 백성을 감당할 수 없나이다 [민수기 11:14]
나는 가난하고 궁핍하여 나의 중心이 상함이니이다 [시편 109:22]

 주인 주

부수 丶(점 주)   총획 5획   간체자

훈(뜻) : 주인 또는 임금 이라는 뜻입니다.

음(소리) : 주라고 읽습니다.

• 主(zhǔ)쥬

主(주인 주)의 변천 과정을 살펴보고, 어떻게 만들어졌나 잘 읽어보세요.

갑골문	전서	예서	해서
𡈼		主	主

主는 촛대[主=𡈼] 위에서 촛불이 타고 있는 [丶:심지 주] 모양[]을 나타낸 글자로, 등불은 한 집, 가족의 중심 위치를 차지한다하여 '주인' '임금' 이라는 뜻으로 사용됩니다.

🔴 필순에 따라 主을 바르게 써 보세요.

● 다음 그림을 보고 문장의 (　)안에 알맞은 한자를 써 보세요.

남편은 출근할 때 주(　)로
버스를 이용합니다.

나는 점심으로 된장찌개를
주(　)로 먹는다.

● 다음 거꾸로 된 글자의 훈[뜻]과 음[소리]을 써 보세요.

훈(뜻) :

음(소리) :

● 다음 밑줄 친 한자의 음[소리]을 바르게 고쳐 쓰세요.

📖 내가 여호와께 아뢰되 主는 나의 主(쥬)님이시오니 主밖에는 나의 복이
없다 하였나이다 [시편 16:2]

·· [　　　　　]

● 다음 중 밑줄 친 뜻에 맞는 한자를 골라 연결하세요.

충성된 사자는 그를 보낸 이에게 마치 추수하는 날에 얼음 냉수
같아서 능히 그 주인의 마음을 시원하게 하느니라 [잠언 25:13]

·

● 主(주인 주)가 쓰인 문장을 읽고, 한자어를 완성해 보세요.

主人
주인

단어풀이 : 어떤 대상에 대한 소유권을 가지고 있는 사람.
활용문장 : 교실에 主人 없는 우산이 하나 있다.

主	人
주인 주	사람 인

主日
주일

단어풀이 : 기독교에서, '일요일'을 이르는 말.
활용문장 : 부모님께서는 主日에는 가게를 닫고 교회에 가신다.

主	日
주인 주	날 일

主力
주력

단어풀이 : 중심이 되는 힘.
활용문장 : 그 두 사람은 우리 팀의 主力이다.

主	力
주인 주	힘 력

▌상대자 : 主 ⇔ 客 : 주인(主)의 상대자는 손님(客)입니다.
▌상대어 : 主人 ⇔ 客人 : 주인(主人)의 상대어는 손님(客人)입니다.
▌사자성어 : 主客顚倒(주객전도)
▌모양이 비슷한 글자 : 主(주인 주)와 王(임금 왕)
▌음이 같지만 뜻이 다른 글자 : 主(주인 주)와 周(두루 주)

 말씀 어

| 부수 | 言(말씀 언) | 총획 | 14획 |

간체자 语

• 语(yǔ)위

훈(뜻) : 말씀이라는 뜻입니다.
음(소리) : 어라고 읽습니다.

語(말씀 어)의 변천 과정을 살펴보고, 어떻게 만들어졌나 잘 읽어보세요.

갑골문	전서	예서	해서
𧥻	𧥻	語	語

語는 나[吾]의 의견을 말[言]한다는 뜻을 나타낸 글자로, '말씀' 이라는 뜻으로 사용됩니다.

🟡 필순에 따라 語를 바르게 써 보세요.

語 말씀 어

`  ﹅ ﹅ ﹅ ﹅ ﹅ 言 訂 訏 訐 語 語 語 語`

● 다음 그림을 보고 문장의 (　)안에 알맞은 한자를 써 보세요.

말씀(　　)을 듣고 보니 그럴듯하네요.

선생님의 말씀(　　)이 끝나자 아이들은 모두 손뼉을 쳤다.

● 다음 거꾸로 된 글자의 훈[뜻]과 음[소리]을 써 보세요.

훈(뜻) :

음(소리) :

● 다음 밑줄 친 잘못된 한자의 음[소리]을 바르게 고쳐 쓰세요.

문 이들로부터 여러 나라 백성으로 나뉘어서 각기 言語(언여)와 종족과 나라대로 바닷가의 땅에 머물렀더라 [창세기 10 : 5]

……………………………………………………………………[　　　　　]

● 다음 중 밑줄 친 뜻에 맞는 한자를 골라 연결하세요.

내 아들아 네가 만일 나의 말을 받으며 나의 계명을 네게 간직하며 [잠언 2 : 1]

●

● 語(말씀 어)가 쓰인 문장을 읽고, 한자어를 완성해 보세요.

日語
일 어

단어풀이 : 일본 민족이 쓰는 일본의 공용어.
활용문장 : 나는 틈나는 대로 日語 공부를 하고 있다.

日　語
해 일　말씀 어

古語
고 어

단어풀이 : 옛날에 쓰던 말.
활용문장 : 이 책은 古語 및 국어학 연구에 귀중한 자료가 된다.

古　語
옛 고　말씀 어

國語
국 어

단어풀이 : 한 나라의 국민이 사용하는 말.
활용문장 : 나는 國語 시간이 제일 즐겁다.

國　語
나라 국　말씀 어

▌동음이자 : 語(말씀 어)와 魚(고기 어), 於(어조사 어), 漁(고기 잡을 어)
▌뜻이 같지만 다른 글자 : 語(말씀 어)와 言(말씀 언), 說(말씀 설)
▌사자성어 : 語不成說(어불성설), 言語道斷(언어도단)

무거울 중
거듭 중

부수   里(마을 리)   총획   9획

훈(뜻) : 무겁다 또는 거듭이라는 뜻입니다.

음(소리) : 중이라고 읽습니다.

간체자

• 重(zhòng)종

重(무거울 중)의 변천 과정을 살펴보고, 어떻게 만들어졌나 잘 읽어보세요.

갑골문 → 전서 → 예서 → 해서

重은 사람이 등에 짐을 지고 서있는 모양[ ]을 본뜬 상형자로, '무겁다', '거듭' 이라는 뜻으로 사용됩니다.

● 필순에 따라 重을 바르게 써 보세요.

무거울 중

● 다음 그림을 보고 문장의 (　)안에 알맞은 한자를 써 보세요.

짐이 **무거우니**(　　) 둘이서 들자.

거듭(　　) 반복하여 말하건대, 너는 절대 내 일에 참견하지 마라.

● 다음 거꾸로 된 글자의 훈[뜻]과 음[소리]을 써 보세요.

훈(뜻) :

음(소리) :

● 다음 밑줄 친 잘못된 한자의 음[소리]을 바르게 고쳐 쓰세요.

문 다윗이 그 왕의 머리에서 보석 있는 왕관을 빼앗아 **重量**(증량)을 달아 보니 금 한 달란트라 그들의 왕관을 자기 머리에 쓰니라 [역대상 20 : 2]
··· [　　　　　]

● 다음 중 밑줄 친 뜻에 맞는 한자를 골라 연결하세요.

수고하고 <u>무거운</u> 짐 진 자들아 다 내게로 오라 내가 너희를 쉬게 하리라 [마태복음 11 : 28]

●

● 重(무거울 중)이 쓰인 문장을 읽고, 한자어를 완성해 보세요.

重力
중심

- 단어풀이 : 지표 부근에 있는 물체를 지구의 중심 방향으로 끌어당기는 힘.
- 활용문장 : 우주에는 重力이 없기 때문에 우주인들이 떠다닌다.

重	力					
무거울 중	힘 력					

重石
중석

- 단어풀이 : 텅스텐이 산출되는 광석.
- 활용문장 : 重石은 우리나라에서 많이 나오는 자원이다.

重	石					
무거울 중	돌 석					

體重
체중

- 단어풀이 : 몸의 무게.
- 활용문장 : 나는 體重을 조절하기 위해 다이어트에 돌입했다.

體	重					
몸 체	무거울 중					

- 상대자 : 重 ⇔ 輕 重(무거울 중)의 상대자는 輕(가벼울 경)입니다.
- 상대어 : 重量 ⇔ 輕量 중량(重量)의 상대어는 경량(輕量)입니다.
- 동음이자 : 重(무거울 중)과 中(가운데 중), 衆(무리 중), 仲(버금 중)
- 사자성어 : 重言復言(중언부언)

 마음 심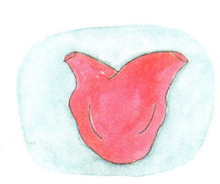

| 부수 | 心(마음 심) | 총획 | 4획 |

- 훈(뜻): 마음이라는 뜻입니다.
- 음(소리): 심이라고 읽습니다.

간체자
• 心(xìn)씬

心(마음 심)의 변천 과정을 살펴보고, 어떻게 만들어졌나 잘 읽어보세요.

갑골문 ⇨ 전서 ⇨ 예서 ⇨ 해서

心은 심장의 모양[♡]을 본떠서, 심장은 마음의 바탕이 된다는 뜻을 나타낸 글자로, '마음'이라는 뜻으로 사용됩니다.

🍊 필순에 따라 心을 바르게 써 보세요.

🍊 다음 그림을 보고 문장의 (　)안에 알맞은 한자를 써 보세요.

욕심이 없으면 마음(　)이 편하다.

비둘기는 콩밭에만 마음(　)이 있다.

🍊 다음 거꾸로 된 글자의 훈[뜻]과 음[소리]을 써 보세요.

훈(뜻) :

음(소리) :

🍊 다음 밑줄 친 잘못된 한자의 음[소리]을 바르게 고쳐 쓰세요.

> 예수께서 즉시 이르시되 安心(안신)하라 나니 두려워하지 말라
> [마태복음 14 : 27]

....[　　　　　]

🍊 다음 중 밑줄 친 뜻에 맞는 한자를 골라 연결하세요.

> 너는 마음을 다하여 여호와를 신뢰하고 네 명철을 의지
> 하지 말라 [잠언 3:5]

•

● 心(마음 심)이 쓰인 문장을 읽고, 한자어를 완성해 보세요.

心中 (심 중)
- 단어풀이 : 마음에 품고 있는 것.
- 활용문장 : 나는 도대체 그 사람의 心中을 알 수가 없다.

心 (마음 심) 中 (가운데 중)

一心 (일 심)
- 단어풀이 : 여러 사람의 마음이 하나가 됨.
- 활용문장 : 우리는 一心동체가 되어 열심히 일을 했다.

一 (한 일) 心 (마음 심)

天心 (천 심)
- 단어풀이 : 하늘의 뜻.
- 활용문장 : 정치인이라면 민심은 天心임을 명심해야 한다.

天 (하늘 천) 心 (마음 심)

▎사자성어 : 以心傳心(이심전심), 一心同體(일심동체), 心機一轉(심기일전)

복습 복습

앞에서 배운 한자를 확실하게 익히자!

1 1. 다음 〈보기〉와 같이 한자의 뜻과 음을 쓰세요.

〈보기〉 月 → (달 월)
           ↑ ↑
           뜻 음

① 主 → (   )
② 語 → (   )
③ 重 → (   )
④ 心 → (   )

2 다음 〈보기〉와 같이 뜻과 음에 알맞은 한자를 쓰세요.

〈보기〉 달 월 → (月)

① 주인 주 → (   )
② 말씀 어 → (   )
③ 무거울 중 → (   )
④ 마음 심 → (   )

3 다음 뜻에 해당하는 한자를 쓰세요.

① 주인 → (   )   ② 말씀 → (   )

③ 무겁다 → (   )   ④ 마음 → (   )

4 다음 한자어를 〈보기〉와 같이 독음하세요.

〈보기〉 一月 → (일월)

① 主語 → (   )   ② 主心 → (   )

③ 重心 → (   )   ④ 重力 → (   )

5 다음 ( )안에 알맞은 한자를 〈보기〉에서 찾아 써 보세요.

〈보기〉 心 注 重 語

촛대에서 타오르는 심지모양 주인( )고
나의의견 말하면서 서로변론 말씀( )며
동쪽땅위 무거운짐 지는사람 무거울( )
사람마음 몸가운데 있다하여 마음( )자

6 다음의 뜻·소리·한자를 서로 바르게 연결해 보세요.

7 다음 □ 안에 알맞은 한자를 써 보세요.

주 인 　 국 어 　 중 력 　 인 심

3주 학습한자

百 夫 出 入

🔴 노래 부르며 한자를 익혀보세요.

박필립
M.=80 굿거리

for Jesus
140604 손해석

열 개씩을 열번한수 일과흰백 일백百에
백

큰 대에다 한일하여 하늘같은 지아비夫
부

풀과나무 점점자라 나__가니 까날出이고
출

좁은입구 들어갈때 몸을 굽혀 들入이라
입

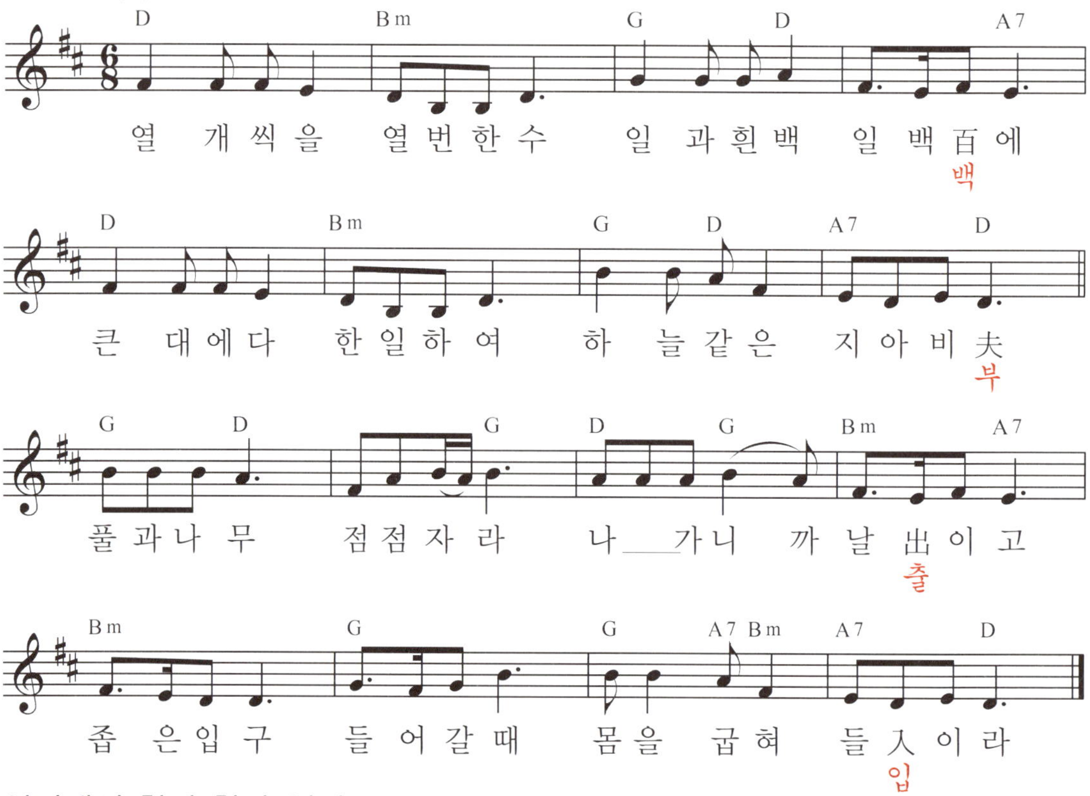

🔴 성경에서 한자 찾아 읽기

모세가 군대의 지휘관 곧 싸움에서 돌아온 천부장들과 百夫장들에게 노하니라 [민수기 31:14]

주는 이제 내게 지혜와 지식을 주사 이 백성 앞에서 出入하게 하옵소서 이렇게 많은 주의 백성을 누가 능히 재판하리이까 하니 [역대하 1:10]

 일백 백

부수 白(흰 백) **총획** 6획 **간체자**

훈(뜻) : 일백이라는 뜻입니다.

음(소리) : 백이라고 읽습니다.

•百(bǎi)빠이

百(일백 백)의 변천 과정을 살펴보고, 어떻게 만들어졌나 잘 읽어보세요.

갑골문	전서	예서	해서
 ⇨	 ⇨	 ⇨	百

百은 하나[一]에서 시작하여 가장[白] 많은 수인 '일백'의 뜻[百]을 나타낸 글자로, '일백'이라는 뜻으로 사용됩니다.

🔴 필순에 따라 百을 바르게 써 보세요.

● 다음 그림을 보고 문장의 (   )안에 알맞은 한자를 써 보세요.

잠이 오지 않아서 하나부터 백(   )까지 세어 보았습니다.

우리 집은 지은 지 백(   )년이 훨씬 넘는 기와집입니다.

● 다음 거꾸로 된 글자의 훈[뜻]과 음[소리]을 써 보세요.

훈(뜻) :

음(소리) :

● 다음 밑줄 친 한자의 음[소리]을 바르게 고쳐 쓰세요.

문 너는 여호와 네 하나님의 성민이라 네 하나님 여호와께서 지상 만민 중에서 너를 자기 기업의 百姓(벡성)으로 택하셨나니 [신명기 7:6]

···[   ]

● 다음 중 밑줄 친 뜻에 맞는 한자를 골라 연결하세요.

병거 일백 대의 말만 남기고 다윗이 그 외의 병거의 말은 다 발의 힘줄을 끊었더니 [사무엘하 8:4]

● 百(일백 백)이 쓰인 문장을 읽고, 한자어를 완성해 보세요.

百人
백 인

단어풀이 : 백 사람. 성질이 각기 다른 사람들.
활용문장 : 이 사당에는 충신열사 百人이 모셔져 있다.

百	人							
일백 백	사람 인							

百日
백 일

단어풀이 : 아기가 태어난 지 백 번째가 되는 날.
활용문장 : 어제 우리 아기의 百日 잔치를 열었다.

百	日							
일백 백	날 일							

千百
천 백

단어풀이 : 수천 수백의 많은 수.
활용문장 : 내가 좋아하는 가수 공연장에 千百의 사람들이 몰려왔다.

千	百							
일천 천	일백 백							

▎사자성어 : 百年大計(백년대계), 百發百中(백발백중), 百年佳約(백년가약), 百年偕老(백년해로)
　　　　　百戰老將(백전노장), 一罰百戒(일벌백계)
▎모양이 비슷한 글자 : 百(일백 백)과 白(흰 백)
▎음이 같지만 뜻이 다른 글자 : 百(일백 백)과 白(흰 백)

 지아비 **부**

부수 大(큰 대) 총획 4획

훈(뜻) : 지아비 또는 사내라는 뜻입니다.

음(소리) : 부라고 읽습니다.

간체자

• 夫(fū)푸

夫(지아비 부)의 변천 과정을 살펴보고, 어떻게 만들어졌나 잘 읽어보세요.

夫는 자기[大] 외에 다른 한[一] 사람인 아내를 책임질 사내, 즉 장가를 간 남자라는 뜻[夫]을 나타낸 글자로, '지아비', '사내'라는 뜻으로 사용됩니다.

● 필순에 따라 夫를 바르게 써 보세요.

● 다음 그림을 보고 문장의 (　)안에 알맞은 한자를 써 보세요.

갑자기 중년의 사내(　)가
다가와 내게 말을 걸었다.

열녀는 두 지아비(　)를
섬기지 않는 법이다.

● 다음 거꾸로 된 글자의 훈[뜻]과 음[소리]을 써 보세요.

훈(뜻) :

음(소리) :

● 다음 밑줄 친 한자의 음[소리]을 바르게 고쳐 쓰세요.

문 너희 패역한 자들아 이 일을 기억하고 丈夫(장비)가 되라 이 일을 마음에
두라 [이사야 46 : 8]

……………………………………………………………………… [　　　　　]

● 다음 중 밑줄 친 뜻에 맞는 한자를 골라 연결하세요.

어진 여인은 그 지아비의 면류관이나 욕을 끼치는 여인은 그
지아비의 뼈가 썩음 같게 하느니라 [잠언 12 : 4]

● 夫(지아비 부)가 쓰인 문장을 읽고, 한자어를 완성해 보세요.

工夫
공부
단어풀이 : 학문이나 기술 등을 배우고 익힘.
활용문장 : 工夫는 늙어 죽을 때까지 해도 다 못한다.

工	夫					
장인 공	지아비 부					

夫人
부 인
단어풀이 : 남의 아내를 높여 이르는 말.
활용문장 : 그 친구는 은퇴 후 夫人과 함께 시골로 내려가 살고 있다.

夫	人					
지아비 부	사람 인					

兄夫
형 부
단어풀이 : 언니의 남편.
활용문장 : 兄夫와 언니는 맞벌이를 위해 주말 부부로 산다.

兄	夫					
맏 형	지아비 부					

▌상대자 : 夫 ⇔ 婦 : 남편(夫)의 상대자는 아내(婦)입니다.
▌반의어 : 兄夫 ⇔ 弟夫 : 형부(兄夫)의 반의어는 제부(弟夫)입니다.
▌사자성어 : 夫唱婦隨(부창부수), 夫婦有別(부부유별)
▌모양이 비슷한 글자 : 夫(지아비 부)와 天(하늘 천)
▌음이 같지만 뜻이 다른 글자 : 夫(지아비 부)와 父(아비 부)

 날 **출**

| 부수 | 凵 (입 벌릴 감) | 총획 | 5획 |

훈(뜻) : 나가다라는 뜻입니다.
음(소리) : 출라고 읽습니다.

간체자

• 出(chū)츄

出(날 출)의 변천 과정을 살펴보고, 어떻게 만들어졌나 잘 읽어보세요.

出은 구덩이[凵]에서 풀싹[屮]이 자라서 밖으로 나간다[✋]는 뜻을 나타낸 글자로, '나가다' 라는 뜻으로 사용됩니다.

● 필순에 따라 出를 바르게 써 보세요.

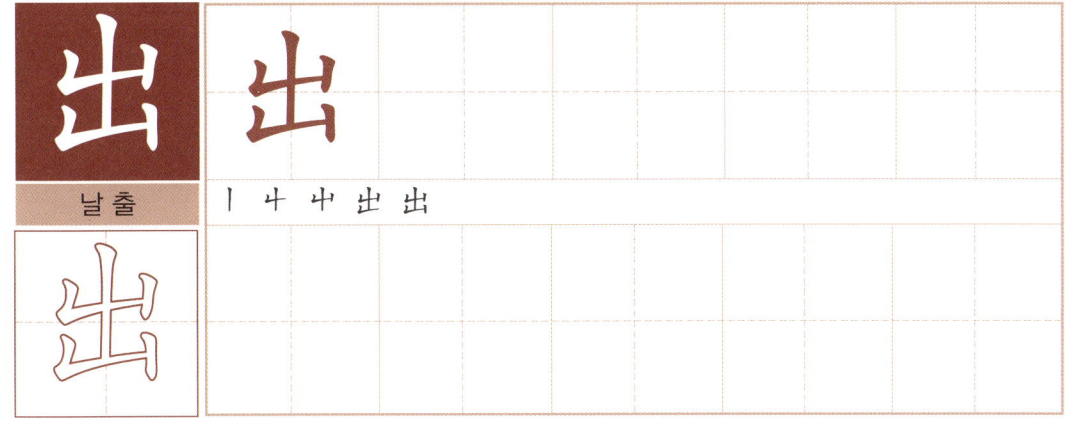

● 다음 그림을 보고 문장의 (　)안에 알맞은 한자를 써 보세요.

신혼여행으로 해외에 **나가는**(　　) 사람이 많다.　　　거리로 **나가니**(　　) 사람들로 붐볐다.

● 다음 거꾸로 된 글자의 훈[뜻]과 음[소리]을 써 보세요.

　　훈(뜻) :

　　　　　　　　음(소리) :

● 다음 밑줄 친 한자의 음[소리]을 바르게 고쳐 쓰세요.

> 문 여호와의 성전의 모든 규례와 모든 율례를 귀로 듣고 또 성전의 입구와 성소의 出口(줄구)를 전심으로 주목하고 [에스겔 44:5]
> ⋯⋯⋯⋯⋯⋯⋯⋯⋯⋯⋯⋯⋯⋯⋯⋯⋯⋯⋯⋯⋯⋯⋯⋯⋯ [　　　　]

● 다음 중 밑줄 친 뜻에 맞는 한자를 골라 연결하세요.

> 슬기로운 자는 재앙을 보면 숨어 피하여도 어리석은 자는 나가다가 해를 받느니라 [잠언 22:3]

●

● 出(날 출)이 쓰인 문장을 읽고, 한자어를 완성해 보세요.

出金
출금

단어풀이 : 돈을 내어 씀.
활용문장 : 현금 자동 지급기에서 오만원을 出金했다.

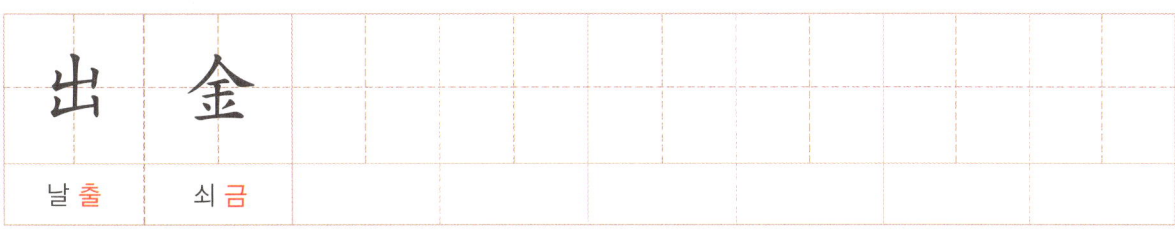

날 출 / 쇠 금

入出
입출

단어풀이 : 수입과 지출을 아울러 이르는 말.
활용문장 : 현금 入出 내역을 꼼꼼하게 기록해 두었다.

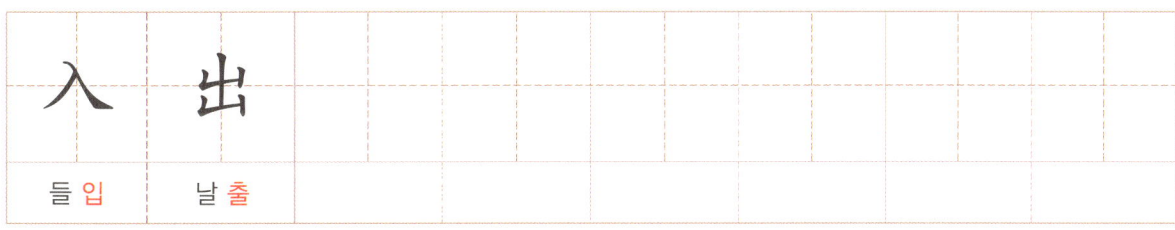

들 입 / 날 출

出力
출력

단어풀이 : 컴퓨터가 입력 데이터를 처리하여 그 결과를 내는 일.
활용문장 : 문서 出力이 끝나면 컴퓨터의 전원을 내려야 한다.

날 출 / 힘 력

▎상대자 : 出 ⇔ 入 : 나가다(出)의 상대자는 들어오다(入)입니다.
▎상대어 : 出口 ⇔ 入口 : 출구(出口)의 반의어는 입구(入口)입니다.
　　　　 出山 ⇔ 入山 : 출산(出山)의 반의어는 입산(入山)입니다. 出力 ⇔ 入力 : 출력(出力)의 반의어는 입력(入力)입니다. 出金 ⇔ 入金 : 출금(出金)의 반의어는 입금(入金)입니다.
▎사자성어 : 靑出於藍(청출어람)

부수 入 (들 입)   총획 2획   간체자

훈(뜻) : 들어오다 또는 들어가다라는 뜻입니다.

음(소리) : 입라고 읽습니다.

• 入(rù)루

入(들 입)의 변천 과정을 살펴보고, 어떻게 만들어졌나 잘 읽어보세요.

入은 두 선이 합해진 위의 뾰족한 부분이 어떤 물체 속으로 들어갈 때, 갈라진 아랫부분도 뒤따라 '들어감[入]'을 나타낸 글자로, '들어가다', '들어오다' 라는 뜻으로 사용됩니다.

🍊 필순에 따라 入을 바르게 써 보세요.

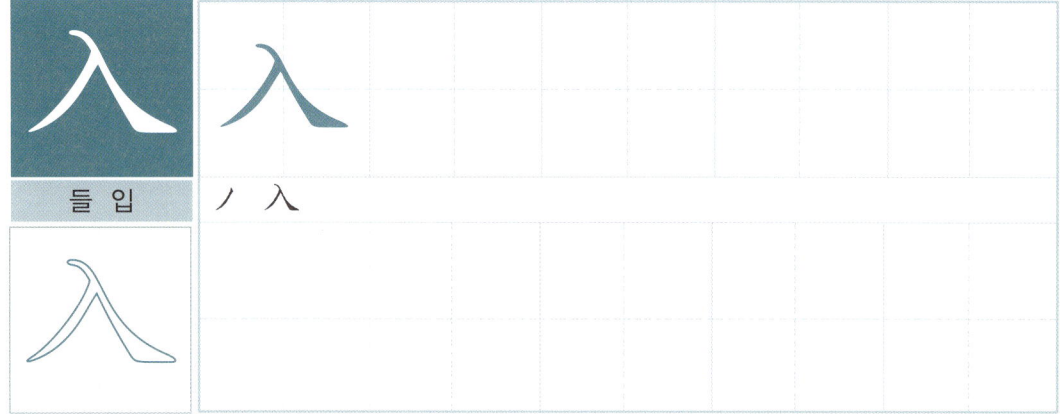

● 다음 그림을 보고 문장의 (   )안에 알맞은 한자를 써 보세요.

강아지가 쪼르르 달려와 침대 밑에 들어가(   ) 버렸습니다.

나는 생일이 빨라서 일곱 살에 학교에 들어(   )갔습니다.

● 다음 거꾸로 된 글자의 훈[뜻]과 음[소리]을 써 보세요.

   훈(뜻) :

  음(소리) :

● 다음 밑줄 친 한자의 음[소리]을 바르게 고쳐 쓰세요.

문 이 땅 백성도 안식일과 초하루에 이 문 入口(인구)에서 나 여호와 앞에 예배할 것이며 [에스겔 46:3]

··· [   ]

● 다음 중 밑줄 친 뜻에 맞는 한자를 골라 연결하세요.

닻을 끊어 바다에 버리는 동시에 키를 풀어 늦추고 돛을 달고 바람에 맞추어 해안을 향하여 들어가다가 [사도행전 27:40]

●

● 入(들 입)이 쓰인 문장을 읽고, 한자어를 완성해 보세요.

入口
입구

단어풀이 : 들어오는 문.
활용문장 : 천천히 여덟 바퀴 층계를 돌자 현관 入口가 나왔다.

入 口
들 입   입 구

入門
입문

단어풀이 : 스승의 문하에 들어가 제자가 됨.
활용문장 : 나는 바둑에 入門 한지 10년이 되었다.

入 門
들 입   문 문

入山
입산

단어풀이 : 산으로 들어감.
활용문장 : 산불예방을 위해 이 산은 入山이 금지되어 있다.

入 山
들 입   메 산

▎상대자 : 入 ⇔ 出 : 들어오다(入)의 상대자는 나가다(出)입니다.
▎반의어 : 入口 ⇔ 出口 : 입구(入口)의 반의어는 출구(出口)입니다.
　　　　　入山 ⇔ 出山 : 입산(入山)의 반의어는 출산(出山)입니다.
　　　　　入力 ⇔ 出力 : 입력(入力)의 반의어는 출력(出力)입니다.
　　　　　入金 ⇔ 出金 : 입금(入金)의 반의어는 출금(出金)입니다.

복습 복습 — 앞에서 배운 한자를 확실하게 익히자!

1 다음 〈보기〉와 같이 한자의 뜻과 음을 쓰세요.

〈보기〉 月 → (달 월)
        ↑ ↑
        뜻 음

① 百 → (   )
② 夫 → (   )
③ 出 → (   )
④ 入 → (   )

2 다음 〈보기〉와 같이 뜻과 음에 알맞은 한자를 쓰세요.

〈보기〉 달 월 → (月)

① 일백 백 → (   )
② 지아비 부 → (   )
③ 날 출   → (   )
④ 들 입   → (   )

3 다음 뜻에 해당하는 한자를 쓰세요.

① 일백   → (   )   ② 지아비   → (   )
③ 나가다 → (   )   ④ 들어오다 → (   )

4 다음 한자어를 〈보기〉와 같이 독음하세요.

〈보기〉 一月 → (일월)

① 出入 → (   )   ② 六百 → (   )
③ 工夫 → (   )   ④ 家出 → (   )

5 다음 ( )안에 알맞은 한자를 〈보기〉에서 찾아 써 보세요.

〈보기〉 出　夫　百　入

열개씩을	열번한수	일과흰백	일백( )에
큰 대 에 다	한일하여	하늘같은	지아비( )
풀과나무	점점자라	나가니까	날( )이고
좁은입구	들어갈때	몸을굽혀	들( )이라

6 다음의 뜻·소리·한자를 서로 바르게 연결해 보세요.

일백 ·　　　　· 부 ·　　　　· 入

지아비 ·　　　　· 백 ·　　　　· 出

나가다 ·　　　　· 입 ·　　　　· 百

들어오다 ·　　　　· 출 ·　　　　· 夫

7 다음 □ 안에 알맞은 한자를 써 보세요.

□ 日　　兄 □　　出 力　　入 門
백 일　　형 부　　출 력　　입 문

4주 복습할 한자

口 文 千 字 主 語 重 心 百 夫 出 入

1주 노래

동그란입 글자로는 네모나니 입口이고 (구)
벌건색과 퍼런빛이 교차한획 글월文과 (문)
열개의수 백번하면 천이되니 일천千자 (천)
자식낳아 젖먹이듯 뜻음합친 글자字라 (자)

2주 노래

촛대에서 타오르는 심지모양 주인主고 (주)
나의의견 말하면서 서로변론 말씀語며 (어)
동쪽땅위 무거운짐 지는사람 무거울重 (중)
사람마음 몸가운데 있는모양 마음心자 (심)

3주 노래

열개씩을 열번한수 일과흰백 일백百에 (백)
큰대에다 한일하여 하늘같은 지아비夫 (부)
풀과나무 점점자라 나가니까 날出이고 (출)
좁은입구 들어갈때 몸을굽혀 들入이라 (입)

1 뜻과 음을 큰 소리로 읽으면서 한자를 쓰세요.

① 입 구 　口

② 글월 문 　文

③ 일천 천 　千

④ 글자 자 　字

⑤ 주인 주 　主

⑥ 말씀 어 　語

⑦ 무거울 중 　重

⑧ 마음 심 　心

⑨ 일백 백 　百

⑩ 지아비 부 　夫

⑪ 날 출 　出

⑫ 들 입 　入

2 다음의 뜻과 음에 해당하는 한자를 쓰세요.

① 입 구 → (   )　　② 글월 문 → (   )

③ 일천 천 → (   )　　④ 글자 자 → (   )

⑤ 주인 주 → (   )　　⑥ 말씀 어 → (   )

⑦ 무거울 중 → (   )　　⑧ 마음 심 → (   )

⑨ 일백 백 → (   )　　⑩ 지아비 부 → (   )

⑪ 날 출 → (   )　　⑫ 들 입 → (   )

3 다음 한자어의 독음을 쓰세요.

① 口文 → (   )　　② 語文 → (   )

③ 千字 → (   )　　④ 出口 → (   )

⑤ 主語 → (   )　　⑥ 主心 → (   )

⑦ 重心 → (   )　　⑧ 文字 → (   )

⑨ 百夫 → (   )　　⑩ 入山 → (   )

⑪ 出入 → (   )　　⑫ 工夫 → (   )

4 다음 한자어의 독음을 쓰세요.

❶ 우리나라 人口(　　)는 오천만이 넘는다고 합니다.

❷ 비석이나 벽돌, 기와 따위에 새긴 글을 石文(　　)이라 한다.

❸ 장부의 한 마디 말은 千金(　　)으로도 바꿀 수 없다.

❹ 붓글씨를 처음 배울 때는 正字(　　)부터 배우기 마련이다.

❺ 부모님께서는 主日(　　)에는 가게를 닫고 교회에 가신다.

❻ 나는 國語(　　) 시간이 제일 즐겁다.

❼ 우주에는 重力(　　)이 없기 때문에 우주인들이 떠다닌다.

❽ 나는 도대체 그 사람의 心中(　　)을 알 수가 없다.

❾ 이 사당에는 충신열사 百人(　　)이 모셔져 있다.

❿ 工夫(　　)는 늙어 죽을 때까지 해도 다 못한다.

⓫ 문서 出力(　　)이 끝나면 컴퓨터의 전원을 내려야 한다.

⓬ 나는 바둑에 入門(　　) 한지 10년이 되었다.

5 다음 한자의 뜻과 음을 쓰세요.

❶ 口 ⇨ (　　)　　❷ 文 ⇨ (　　)

❸ 千 ⇨ (　　)　　❹ 字 ⇨ (　　)

❺ 主 ⇨ (　　)　　❻ 語 ⇨ (　　)

❼ 重 ⇨ (　　)　　❽ 心 ⇨ (　　)

❾ 百 ⇨ (　　)　　❿ 夫 ⇨ (　　)

⓫ 出 ⇨ (　　)　　⓬ 入 ⇨ (　　)

6 다음 밑줄 친 한자어를 한자로 쓰세요.

❶ 천천히 여덟 바퀴 층계를 돌자 현관 <u>입구</u>가 나왔습니다.
(   )

❷ 어렸을 적부터 나는 <u>문인</u>이 되는 것이 꿈이었다.
(   )

❸ 낙화암은 <u>삼천</u> 궁녀의 슬픈 사연이 있는 곳이다.
(   )

❹ <u>문자</u>는 문명을 일으키는 터전이 되었다.
(   )

❺ 그 두 사람은 우리 팀의 <u>주력</u>이다.
(   )

❻ 나는 틈나는 대로 <u>일어</u> 공부를 하고 있다.
(   )

❼ <u>중석</u>은 우리나라에서 많이 나오는 자원이다.
(   )

❽ 정치인이라면 민심은 <u>천심</u>임을 명심해야 한다.
(   )

❾ 어제 우리 아기의 <u>백일</u> 잔치를 열었다.
(   )

❿ <u>형부</u>와 언니는 맞벌이를 위해 주말 부부로 산다.
(   )

⓫ 현금 자동 지급기에서 오만원을 <u>출금</u>했다.
(   )

⓬ 산불예방을 위해 이 산은 <u>입산</u>이 금지되어 있다.
(   )

7 다음 (   ) 안에 알맞은 한자의 번호를 〈보기〉에서 찾아 쓰세요

〈보기〉 ① 入   ② 心   ③ 字   ④ 出   ⑤ 重   ⑥ 千
      ⑦ 夫   ⑧ 語   ⑨ 文   ⑩ 百   ⑪ 主   ⑫ 口

동그란입 글자로는 네모나니 입(   )이고
벌건색과 퍼런빛이 교차한획 글월(   )과
열개의수 백번하면 천이되니 일천(   )자
자식낳아 젖먹이듯 뜻음합친 글자(   )라

촛대에서 타오르는 심지모양 주인(   )고
나의의견 말하면서 서로변론 말씀(   )며
동쪽땅위 무거운짐 지는사람 무거울(   )
사람마음 몸가운데 있다하여 마음(   )자

열개씩을 열번한수 일과흰백 일백(   )에
큰대에다 한일하여 하늘같은 지아비(   )
풀과나무 점점자라 나가니까 날(   )이고
좁은입구 들어갈때 몸을굽혀 들(   )이라

● 노래 부르며 한자를 익혀보세요.

● 성경에서 한자 찾아 읽기

먹을 것을 여름 동안에 예비하며 秋수 때에 양식을 모으느니라 [잠언 6:8]
나는 夕양 그림자 같이 지나가고 또 메뚜기 같이 불려 가오며 [시편 109:23]
산의 독수리들에게와 땅의 들짐승들에게 끼쳐주리니 산의 독수리들이 그것으로 과 夏하며 땅의 들짐승들이 다 그것으로 과 冬하 리라 하셨음이니라 [이사야 18:6] – 개역한글

 가을 추

부수 禾(벼 화)   총획 9획

간체자

훈(뜻) : 가을이라는 뜻입니다.

음(소리) : 추이라고 읽습니다.

• 秋(qīu)츄

秋(가을 추)의 변천 과정을 살펴보고, 어떻게 만들어졌나 잘 읽어보세요.

| 갑골문 | 전서 | 예서 | 해서 |

秋는 곡식(禾)을 햇볕(火)에 말려 거두는 계절의 뜻을 나타낸 글자로, '가을' 이라는 뜻으로 사용됩니다.

● 필순에 따라 秋를 바르게 써 보세요.

● 다음 그림을 보고 문장의 (   )안에 알맞은 한자를 써 보세요.

 가을(   )은 오곡이 무르익는 계절이다.

 여름이 지나고 가을(   )이 되니까 아침저녁으로 날씨가 쌀쌀하다.

● 다음 거꾸로 된 글자의 훈[뜻]과 음[소리]을 써 보세요.

   훈(뜻) :

음(소리) :

● 다음 밑줄 친 한자의 음[소리]을 바르게 고쳐 쓰세요.

> 문 여름에 거두는 자는 지혜로운 아들이나 秋收(초수) 때에 자는 자는 부끄러움을 끼치는 아들이니라 [잠언 10:5]
> .... [   ]

● 다음 중 밑줄 친 뜻에 맞는 한자를 골라 연결하세요.

> 게으른 자는 가을에 밭 갈지 아니하나니 그러므로 거둘 때에는 구걸할지라도 얻지 못하리라 [잠언 20:4]

● 秋(가을 추)가 쓰인 문장을 읽고, 한자어를 완성해 보세요.

秋月
추 월

단어풀이 : 가을밤에 뜬 달.
활용문장 : 秋月이 휘영청 밝은 밤이로구나!

秋	月							
가을 추	달 월							

秋夕
추 석

단어풀이 : 우리나라 명절의 하나. 음력 8월 15일이다.
활용문장 : 秋夕을 맞아 성묘를 다녀왔다.

秋	夕							
가을 추	저녁 석							

春秋
춘 추

단어풀이 : 봄과 가을. 어른의 나이를 높여 이르는 말.
활용문장 : 우리 집은 매년 春秋로 가족 산행을 간다.

春	秋							
봄 춘	가을 추							

▌동음이자 : 秋(가을 추)와 追(쫓을 추)
▌사자성어 : 春夏秋冬(춘하추동), 春花秋月(춘화추월)

 저녁 **석**

부수 夕(저녁 석)   총획 3획

간체자

훈(뜻): 저녁이라는 뜻입니다.

음(소리): 석이라고 읽습니다.

● 夕(xī)씨

夕(저녁 석)의 변천 과정을 살펴보고, 어떻게 만들어졌나 잘 읽어보세요.

夕은 초저녁에 뜬 반달을 본뜬 글자[☽]로, 달 월[月]에서 한 획을 줄여 달이 뜰 무렵이라 하여, '저녁'이라는 뜻으로 사용됩니다.

● 필순에 따라 夕을 바르게 써 보세요.

● 다음 그림을 보고 문장의 ( )안에 알맞은 한자를 써 보세요.

추석날 저녁( )에 보름달 을 보고 소원을 빌었다.

오늘 저녁( )에 친구와 음악회에 가기로 했다.

● 다음 거꾸로 된 글자의 훈[뜻]과 음[소리]을 써 보세요.

훈(뜻) :

음(소리) :

● 다음 밑줄 친 한자의 음[소리]을 바르게 고쳐 쓰세요.

나는 夕陽(삭양) 그림자 같이 지나가고 또 메뚜기 같이 불려 가오며 [시편 109:23]

.... [ ]

● 다음 중 밑줄 친 뜻에 맞는 한자를 골라 연결하세요.

그의 노염은 잠깐이요 그의 은총은 평생이로다 저녁에는 울음이 깃들일지라도 아침에는 기쁨이 오리로다 [시편 30:5]

● 夕(저녁 석)이 쓰인 문장을 읽고, 한자어를 완성해 보세요.

 여름 하

부수 夊(뒤져 올 치)　**총획** 10획

간체자

훈(뜻) : 여름이라는 뜻입니다.

음(소리) : 하라고 읽습니다.

• 夏(xià)시아

夏(여름 하)의 변천 과정을 살펴보고, 어떻게 만들어졌나 잘 읽어보세요.

갑골문	전서	예서	해서
⇨	⇨	夏 ⇨	夏

夏는 더워서 머리(百=頁의 획 줄임)와 발을 (夊)드러낸다는 뜻을 나타낸 글자로, '여름' 이라는 뜻으로 사용됩니다.

● 필순에 따라 夏를 바르게 써 보세요.

여름 하

一 丆 丆 丙 丙 百 百 頁 夏 夏

● 다음 그림을 보고 문장의 (　)안에 알맞은 한자를 써 보세요.

무더운 여름(　　　)에는
에어컨이 최고다.

우리나라의 여름(　　)은 가장
비가 많이 내리는 계절이다.

● 다음 거꾸로 된 글자의 훈[뜻]과 음[소리]을 써 보세요.

훈(뜻) :

음(소리) :

● 다음 밑줄 친 잘못된 한자의 음(소리)을 바르게 고쳐 쓰세요.

문 立夏(입허)도 훌쩍 지나고 이제 본연히 초여름으로 들어선 것 같다.

[　　　　　]

● 다음 중 밑줄 친 뜻에 맞는 한자를 골라 연결하세요.

여름에 거두는 자는 지혜로운 아들이나 추수 때에 자는 자는 부끄러움을 끼치는 아들이니라 [잠언 10:5]

●

● 夏(여름 하)가 쓰인 문장을 읽고, 한자어를 완성해 보세요.

立夏
입 하

단어풀이 : 일 년 중 여름이 시작하는 때.
활용문장 : 立夏도 훌쩍 지나고 이제 초여름으로 들어선 것 같다.

立　夏
설 립　여름 하

春夏
춘 하

단어풀이 : 봄과 여름을 아울러 이르는 말.
활용문장 : 우리나라는 春夏추동 사계절이 뚜렷하다.

春　夏
봄 춘　여름 하

夏季
하 계

단어풀이 : 여름의 시기.
활용문장 : 이번 여름에 우리는 제주도로 夏季 연수를 간다.

夏　季
여름 하　철 계

▌ 동음이자 : 夏(여름 하)와 下(아래 하), 河(강 이름 하), 何(어찌 하)
▌ 사자성어 : 春夏秋冬(춘하추동)

 겨울 동

부수 冫(얼음 빙)　총획 5획　　간체자

훈(뜻) : 겨울이라는 뜻입니다.

음(소리) : 동이라고 읽습니다.

• 冬(dōng)동

冬(겨울 동)의 변천 과정을 살펴보고, 어떻게 만들어졌나 잘 읽어보세요.

갑골문　⇒　전서　⇒　예서　⇒　해서

冬은 일 년의 끝(夂)이 다가오면서 얼음(冫)이 어는 때라는 뜻을 나타낸 글자로, '겨울' 이라는 뜻으로 사용됩니다.

🍊 필순에 따라 冬을 바르게 써 보세요.

겨울 동

丿 ク 夂 冬 冬

● 다음 그림을 보고 문장의 (　)안에 알맞은 한자를 써 보세요.

겨울(　　)에는 썰매를 탈 수 있어 좋다.

겨울(　　)이 다 되어야 솔이 푸른 줄 안다.

● 다음 거꾸로 된 글자의 훈[뜻]과 음[소리]을 써 보세요.

훈(뜻) :

음(소리) :

● 다음 밑줄 친 잘못된 한자의 음[소리]을 바르게 고쳐 쓰세요.

문 옛날의 가을은 입추부터 立冬(입둥) 전날까지 석 달 동안이었다.
……………………………………………………………………[　　　　　]

● 다음 중 밑줄 친 뜻에 맞는 한자를 골라 연결하세요.

땅이 있을 동안에는 심음과 거둠과 추위와 더위와 여름과 겨울과 낮과 밤이 쉬지 아니하리라 [창세기 8 : 22]

●

● 冬(겨울 동)이 쓰인 문장을 읽고, 한자어를 완성해 보세요.

立冬 — 입동
- 단어풀이 : 일 년 중 겨울이 시작된다는 날.
- 활용문장 : 옛날의 가을은 입추부터 立冬 전날까지 석 달 동안이었다.

立 冬
설 립   겨울 동

冬心 — 동심
- 단어풀이 : 겨울철처럼 쓸쓸하고 활기가 없는 마음.
- 활용문장 : 그는 항상 우울한 冬心이다.

冬 心
겨울 동   마음 심

秋冬 — 추동
- 단어풀이 : 가을과 겨울을 아울러 이르는 말.
- 활용문장 : 이번에 秋冬에 입을 양복을 구입했다.

秋 冬
가을 추   겨울 동

▌ 동음이자 : 冬(겨울 동)과 東(동녘 동), 童(아이 동), 同(한가지 동), 洞(골 동), 動(움직일 동)
▌ 사자성어 : 春夏秋冬(춘하추동), 嚴冬雪寒(엄동설한)

복습 복습   앞에서 배운 한자를 확실하게 익히자!

1 다음 〈보기〉와 같이 한자의 뜻과 음을 쓰세요.

〈보기〉 月 → (달 월)
           ↑ ↑
           뜻 음

① 秋 → (   )
② 夕 → (   )
③ 夏 → (   )
④ 冬 → (   )

2 다음 〈보기〉와 같이 뜻과 음에 알맞은 한자를 쓰세요.

〈보기〉 달 월 → (月)

① 가을 추 → (   )
② 저녁 석 → (   )
③ 여름 하 → (   )
④ 겨울 동 → (   )

3 다음 뜻에 해당하는 한자를 쓰세요.

① 가을 → (   )   ② 여름 → (   )
③ 저녁 → (   )   ④ 겨울 → (   )

4 다음 한자어를 〈보기〉와 같이 독음하세요.

〈보기〉 一月 → (일월)

① 秋夕 → (   )   ② 立夏 → (   )
③ 夏冬 → (   )   ④ 立冬 → (   )

5 다음 ( )안에 알맞은 한자를 〈보기〉에서 찾아 써 보세요.

〈보기〉 冬 秋 夏 夕

파란벼가 불에탄듯 익어가는 가을( )에
해저물때 달이반쯤 보이니까 저녁( )자
머리혈과 두손두발 더위지친 여름( )며
사계절이 끝날무렵 물이어는 겨울( )자

6 다음의 뜻·소리·한자를 서로 바르게 연결해 보세요.

가을 · · 석 · · 秋

저녁 · · 추 · · 夕

여름 · · 동 · · 夏

겨울 · · 하 · · 冬

7 다음 □ 안에 알맞은 한자를 써 보세요.

추 석   일 석   입 하   입 동

● 노래 부르며 한자를 익혀보세요.

for Jesus
140604 손해석

박필립
M.=114 자진모리

● 성경에서 한자 찾아 읽기

좋은 것으로 네 소원을 만족하게 하사 네 청춘을 독수리 같이 새롭게 하시는도다
[시편 103: 5]

지혜가 네 영혼에게 이와 같은 줄을 알라 이것을 얻으면 정녕히 네 장來가 있겠고
네 소망이 끊어지지 아니하리라 [잠언 23:18]

부모의 물건을 도둑질하고서도 죄가 아니라 하는 자는 멸망 받게 하는 자의 同류니라
[잠언 28:24]

 봄 춘

부수 日 (해 일)   총획 9획

간체자

훈(뜻) : 봄이라는 뜻입니다.
음(소리) : 춘이라고 읽습니다.

• 春(chūn)츈

春(봄 춘)의 변천 과정을 살펴보고, 어떻게 만들어졌나 잘 읽어보세요.

春은 햇볕(日)을 받아 풀(艹) 싹이 어렵게 돋아나(屯)는 계절의 뜻을 나타낸 글자로, '봄' 이라는 뜻으로 사용됩니다.

🔴 필순에 따라 春을 바르게 써 보세요.

● 다음 그림을 보고 문장의 (　)안에 알맞은 한자를 써 보세요.

3월이 되자 봄(　　)이 눈앞으로 성큼 다가왔다.　　봄(　　)은 기다리지 않아도 저절로 온다.

● 다음 거꾸로 된 글자의 훈[뜻]과 음[소리]을 써 보세요.

　　훈(뜻) :

　　　　　　　음(소리) :

● 다음 밑줄 친 한자의 음[소리]을 바르게 고쳐 쓰세요.

문 立春(입준)이 지났는데도 강물은 여전히 꽝꽝 얼어 있다.

....[　　　　　]

● 다음 중 밑줄 친 뜻에 맞는 한자를 골라 연결하세요.

봄비가 올 때에 여호와 곧 구름을 일게 하시는 여호와께 비를 구하라 [스가랴 10 : 1]

● 春(봄 춘)이 쓰인 문장을 읽고, 한자어를 완성해 보세요.

春分
춘 분

단어풀이 : 일 년 중 낮과 밤의 길이가 같다는 봄날.
활용문장 : 春分이 지나니 봄기운이 완연하구나.

春　分
봄 춘　나눌 분

立春
입 춘

단어풀이 : 일 년 중 봄이 시작한다는 날.
활용문장 : 立春이 지났지만 아직도 추위가 가시지 않고 있다.

立　春
설 립　봄 춘

春風
춘 풍

단어풀이 : 봄철에 부는 따뜻한 바람.
활용문장 : 春風이 부는 호수 위로 물오리가 떠다니고 있다.

春　風
봄 춘　바람 풍

▌상대자 : 春 ⇔ 秋 春(봄 춘)의 상대자는 秋(가을 추)입니다.
▌사자성어 : 立春大吉(입춘대길), 春夏秋冬(춘하추동)
　　　　　　春花秋月(춘화추월)

 올 래

부수　人(사람 인)　　총획　8획　　간체자

来

•來(lái)라이

훈(뜻) : 오다는 뜻입니다.
음(소리) : 래라고 읽습니다.

來(올 래)의 변천 과정을 살펴보고, 어떻게 만들어졌나 잘 읽어보세요.

來는 나무[木] 아래로 사람들이[人人] 쉬로 '온다.'는 뜻을 나타낸 글자로, '오다'라는 뜻으로 사용됩니다.

● 필순에 따라 來를 바르게 써 보세요.

● 다음 그림을 보고 문장의 (　)안에 알맞은 한자를 써 보세요.

편지를 받는 즉시 집으로
오너라(　).

집에 오면(　) 먼저
손부터 씻어라.

● 다음 거꾸로 된 글자의 훈[뜻]과 음[소리]을 써 보세요.

훈(뜻) :

음(소리) :

● 다음 밑줄 친 한자의 음[소리]을 바르게 고쳐 쓰세요.

> 문 그러므로 來日(네일) 일을 위하여 염려하지 말라 來日(네일) 일은 來日(네일)이 염려할 것이요 한 날의 괴로움은 그 날로 족하니라 [마태복음 6:34]
> ……………………………………………………………………… [　　　　]

● 다음 중 밑줄 친 뜻에 맞는 한자를 골라 연결하세요.

> 수고하고 무거운 짐 진 자들아 다 내게로 오라 내가 너희를
> 쉬게 하리라 [마태복음 11:28]

●

● 來(올 래)가 쓰인 문장을 읽고, 한자어를 완성해 보세요.

來年 내 년
- 단어풀이 : 올해의 바로 다음에 오는 해.
- 활용문장 : 삼촌은 올해 하기로 한 결혼을 來年으로 미뤘다.

來	年
올 래	해 년

古來 고 래
- 단어풀이 : 옛날부터 줄곧.
- 활용문장 : 古來로 인간사에는 갈등과 다툼이 있어 왔다.

古	來
옛 고	올 래

自來 자 래
- 단어풀이 : 오래전부터 내려옴.
- 활용문장 : 우리 민족은 自來로 흰옷을 많이 입어 왔다.

自	來
부터 자	올 래

▍상대자 : 來 ⇔ 去 / 來(올 래)의 상대자는 去(갈 거)입니다.
　　　　　來 ⇔ 往 / 來(올 래)의 상대자는 往(갈 왕)입니다.
▍사자성어 : 說往說來(설왕설래)

 한가지 동

부수 口(입 구)   총획 6획

간체자

훈(뜻) : 한가지 또는 함께라는 뜻입니다.
음(소리) : 동라고 읽습니다.

• 同(tóng)통

同(한가지 동)의 변천 과정을 살펴보고, 어떻게 만들어졌나 잘 읽어보세요.

갑골문	전서	예서	해서
𠙴 ⇨	同 ⇨	同 ⇨	同

同은 성[冂] 안에서 사는 사람[口]들이 하나[一]로 함께 뭉친다는 뜻[𠙴]을 나타낸 글자로, '한 가지', '함께' 라는 뜻으로 사용됩니다.

● 필순에 따라 同을 바르게 써 보세요.

● 다음 그림을 보고 문장의 (   )안에 알맞은 한자를 써 보세요.

나는 그 사람과 고향이 같다(   ).   내 생각은 네 생각과 한가지(   )이다.

● 다음 거꾸로 된 글자의 훈[뜻]과 음[소리]을 써 보세요.

훈(뜻) :

음(소리) :

● 다음 밑줄 친 한자의 음[소리]을 바르게 고쳐 쓰세요.

문 예수 그리스도는 어제나 오늘이나 영원토록 同一(등일)하시니라
[히브리서 13 : 8]

·· [   ]

● 다음 중 밑줄 친 뜻에 맞는 한자를 골라 연결하세요.

심는 이와 물 주는 이는 한가지이나 각각 자기가 일한 대로 자기의 상을 받으리라 [고린도전서 3 : 8]

●

● 同(한가지 동)이 쓰인 문장을 읽고, 한자어를 완성해 보세요.

同	生
한가지 동	날 생

同	一
한가지 동	한 일

同門
동 문

단어풀이 : 같은 학교를 다니거나 같은 스승에게서 공부한 사람.
활용문장 : 나와 아버지는 초등학교 同門이다.

同	門
한가지 동	문 문

- 상대자 : 同⇔異 / 동(同)의 상대자는 이(異:다를 이)입니다.
- 반의어 : 同姓⇔異姓 / 동성(同姓)의 반의어는 이성(異姓)입니다.
  　　　　同性⇔異性 / 동성(同性)의 반의어는 이성(異性)입니다.
- 사자성어 : 異口同聲(이구동성), 同姓同本(동성동본)
- 음이 같지만 뜻이 다른 글자 : 同(한가지 동)과 東(동녘 동) 冬(겨울 동)

 빛 색

부수 色(빛 색)　　총획 6획

훈(뜻) : 빛 또는 색이라는 뜻입니다.

음(소리) : 색이라고 읽습니다.

간체자

·色(sè)셔

色(빛 색)의 변천 과정을 살펴보고, 어떻게 만들어졌나 잘 읽어보세요.

갑골문	전서	예서	해서

色은 사람[⺈]의 마음에 있는 것이 부절[巴]처럼 '얼굴 빛'으로 나타난다는 뜻의 글자로, '빛', '색' 이라는 뜻으로 사용됩니다.

● 필순에 따라 色을 바르게 써 보세요.

🍊 다음 그림을 보고 문장의 ( )안에 알맞은 한자를 써 보세요.

그녀의 얼굴은 불그스레한
빛(   )으로 물들었다.

어머니의 얼굴에는 체념의
빛(   )이 어려 있었다.

🍊 다음 거꾸로 된 글자의 훈[뜻]과 음[소리]을 써 보세요.

훈(뜻) :

음(소리) :

🍊 다음 밑줄 친 한자의 음[소리]을 바르게 고쳐 쓰세요.

> 靑色(청석) 자색 홍색 실과 고운 베로 휘장문을 짓고 그 위에 그룹의 형상을 수놓았더라 [역대하 3:14]

··· [   ]

🍊 다음 중 밑줄 친 뜻에 맞는 한자를 골라 연결하세요.

> 아침에 요셉이 들어가 보니 그들에게 근심의 빛이 있는지라
> [창세기 40:6]

•

🍊 色(빛 색)이 쓰인 문장을 읽고, 한자어를 완성해 보세요.

白色 (백색)
- 단어풀이 : 하늘에서 내리는 눈과 같이 순수하고 선명한 빛깔.
- 활용문장 : 눈이 와서 온통 白色의 세상이 되었다.

白 (흰 백)　色 (빛 색)

名色 (명색)
- 단어풀이 : 내용이나 실속은 그 이름에 걸맞지 않지만 그러한 부류에 속한다고 내세우는 이름이나 지위.
- 활용문장 : 그래도 그는 名色이 선비라 욕을 할 수는 없었다.

名 (이름 명)　色 (빛 색)

靑色 (청색)
- 단어풀이 : 맑은 하늘이나 바다와 같은 빛깔.
- 활용문장 : 우리는 靑色 작업복을 입고 일했다.

靑 (푸를 청)　色 (빛 색)

- 동음이자 : 色(빛 색)과 索(찾을 색)
- 사자성어 : 各樣各色(각양각색), 草綠同色(초록동색)

복습 복습

앞에서 배운 한자를 확실하게 익히다!

1 다음 〈보기〉와 같이 한자의 뜻과 음을 쓰세요.

① 春 → (　　　　　)
② 來 → (　　　　　)
③ 同 → (　　　　　)
④ 色 → (　　　　　)

2 다음 〈보기〉와 같이 뜻과 음에 알맞은 한자를 쓰세요.

〈보기〉　달 월 → (月)

① 봄 춘　　→ (　　　　　)
② 올 래　　→ (　　　　　)
③ 한가지 동 → (　　　　　)
④ 빛 색　　→ (　　　　　)

3 다음 뜻에 해당하는 한자를 쓰세요.

① 봄　　→ (　　　)　② 한가지 → (　　　)
③ 오다　→ (　　　)　④ 빛　　→ (　　　)

4 다음 한자어를 〈보기〉와 같이 독음하세요.

〈보기〉　一月 → (일월)

① 春來 → (　　　)　② 春色 → (　　　)
③ 同色 → (　　　)　④ 來日 → (　　　)

5 다음 ( )안에 알맞은 한자를 〈보기〉에서 찾아 써 보세요.

〈보기〉 同 春 色 來

초목들이 흙을뚫고 생장하는 봄( )이고
보리곡식 하늘에서 내려왔네 올( )이며
입은모두 덮여있는 아래라서 한가지( )
얼굴색과 마음속은 부절같아 빛( )이다

6 다음의 뜻·소리·한자를 서로 바르게 연결해 보세요.

봄 ·   · 동 ·   · 春
오다 ·   · 색 ·   · 來
한가지 ·   · 춘 ·   · 同
빛 ·   · 래 ·   · 色

7 다음 □ 안에 알맞은 한자를 써 보세요.

立   　　　年   　　生   　　名

입 춘　　내 년　　동 생　　명 색

● 노래 부르며 한자를 익혀보세요.

● 성경에서 한자 찾아 읽기

地面에는 꽃이 피고 새가 노래할 때가 이르렀는데 비둘기의 소리가 우리 땅에 들리는구나
[아가 2:12]

여호와께서 민족들을 登록하실 때에는 그 수를 세시며 이 사람이 거기서 났다 하시리로다 (셀라)
[시편 87:6]

그들의 포도나무와 무花과나무를 치시며 [시편 105:33]

草장 언덕으로 두루 다니며 여러 가지 푸른 풀을 찾느니라 [욥기 39:8]

 땅 지

부수 土(흙 토)   총획 6획

훈(뜻): 땅라는 뜻입니다.
음(소리): 지라고 읽습니다.

간체자

•地(dì)띠

地(땅 지)의 변천 과정을 살펴보고, 어떻게 만들어졌나 잘 읽어보세요.

地는 큰 뱀[也]이 꿈틀 거리듯 땅[土]의 굴곡 된 형상이라 하여 '땅'의 뜻을 나타낸 글자로, '땅'이라는 뜻으로 사용됩니다.

● 필순에 따라 地를 바르게 써 보세요.

● 다음 그림을 보고 문장의 (　)안에 알맞은 한자를 써 보세요.

 지진이 나자 땅(　　)이 갈라졌다.

 그곳은 돌이 많고 땅(　　)은 메말라 있었다.

● 다음 거꾸로 된 글자의 훈[뜻]과 음[소리]을 써 보세요.

　　훈(뜻) :

　　　　　　　음(소리) :

● 다음 밑줄 친 한자의 음[소리]을 바르게 고쳐 쓰세요.

문 진실로 너희에게 이르노니 天地(천자)가 없어지기 전에는 율법의 일점 일획도 결코 없어지지 아니하고 다 이루리라 [마태복음 5 : 18]
··· [　　　　　]

● 다음 중 밑줄 친 뜻에 맞는 한자를 골라 연결하세요.

여호와 하나님이 땅의 흙으로 사람을 지으시고 생기를 그 코에 불어넣으시니 사람이 생령이 되니라 [창세기 2:7]

● 地(땅 지)가 쓰인 문장을 읽고, 한자어를 완성해 보세요.

地面
지 면

단어풀이 : 땅의 표면.
활용문장 : 안개만 땅에서 올라와 온 地面을 적셨더라
[창세기2:6]

地	面
땅 지	낯 면

天地
천 지

단어풀이 : 사람이 사는 세상의 영역. 하늘과 땅.
활용문장 : 함박눈이 내려 天地가 온통 하얗게 되었다.

天	地
하늘 천	땅 지

地上
지 상

단어풀이 : 땅의 위. 사람들이 현재 살고 있는 세계.
활용문장 : 고장이 난 비행기가 地上으로 떨어지고 있었다.

地	上
땅 지	위 상

▎상대자 : 地 ⇔ 天 地(땅 지)의 상대자는 天(하늘 천)입니다.
▎상대어 : 地上 ⇔ 地下 지상(地上)의 상대어는 지하(地下)입니다.
▎모양이 비슷한 한자 : 地(땅 지)와 池(못 지)
▎동의이자 : 地(땅 지)와 坤(땅 곤)

 낯 면

부수 面(낯 면)　총획 9획

간체자

훈(뜻) : 낯 또는 얼굴이라는 뜻입니다.
음(소리) : 면이라고 읽습니다.

• 面(miàn)미앤

面(낯 면)의 변천 과정을 살펴보고, 어떻게 만들어졌나 잘 읽어보세요.

갑골문	전서	예서	해서

面은 코(鼻)를 본뜬 自를 에워 싼(口) 모양으로 '얼굴'을 뜻하는 글자로, '낯', '얼굴', '고을' 이라는 뜻으로 사용됩니다.

● 필순에 따라 面을 바르게 써 보세요.

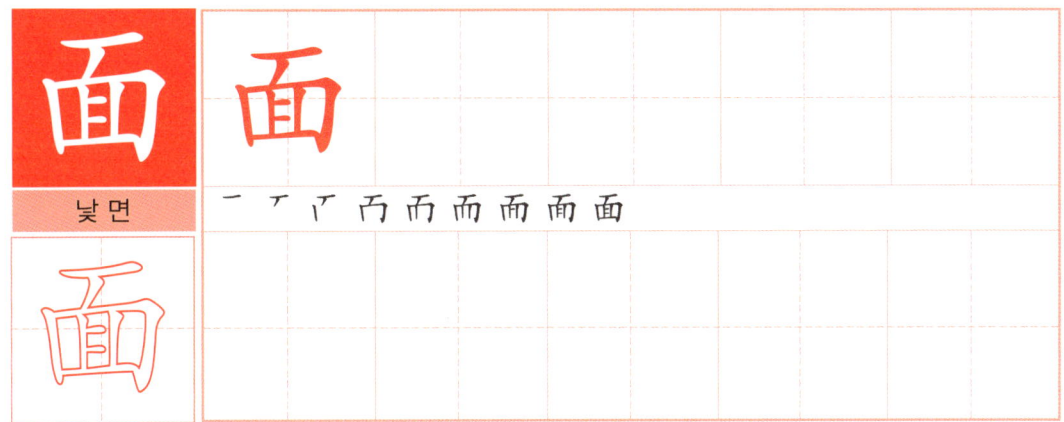

● 다음 그림을 보고 문장의 (   )안에 알맞은 한자를 써 보세요.

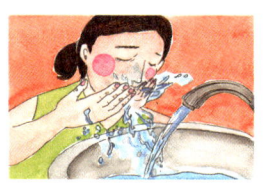

정신이 번쩍 들게 찬물에
낯(   )을 씻었다.

내가 무슨 낯(   )으로
부모님을 뵙겠습니까?

● 다음 거꾸로 된 글자의 훈[뜻]과 음[소리]을 써 보세요.

훈(뜻) :

음(소리) :

● 다음 밑줄 친 한자의 음[소리]을 바르게 고쳐 쓰세요.

🔴 누가 능히 그의 面前(먼전)에서 그의 길을 알려 주며 누가 그의 소행을
보응하랴 [욥기 21 : 31]

··[   ]

● 다음 중 밑줄 친 뜻에 맞는 한자를 골라 연결하세요.

네가 선을 행하면 어찌 낯을 들지 못하겠느냐 선을 행하지 아니
하면 죄가 문에 엎드려 있느니라 [창세기 4 : 7]

•

● 面(낯 면)이 쓰인 문장을 읽고, 한자어를 완성해 보세요.

面前
면 전

단어풀이 : 얼굴을 대한 바로 앞.
활용문장 : 그는 영수의 面前에다 욕을 퍼부어 댔다.

面	前					
낯 면	앞 전					

正面
정 면

단어풀이 : 물건의 앞쪽 면.
활용문장 : 이 조각은 正面에서 볼 때와 옆에서 볼 때가 영 딴판이다.

正	面					
바를 정	낯 면					

前面
전 면

단어풀이 : 앞을 향해 있는 면.
활용문장 : 나는 길가에 서서 회관의 前面을 쳐다보았다.

前	面					
앞 전	낯 면					

▌사자성어 : 生面不知(생면부지)

 오를 등

부수   癶 (등질 발)   총획   12획

간체자

훈(뜻) : 오르다라는 뜻입니다.

음(소리) : 등이라고 읽습니다.

• 登(dēng)덩

登(오를 등)의 변천 과정을 살펴보고, 어떻게 만들어졌나 잘 읽어보세요.

| 갑골문 | 전서 | 예서 | 해서 |

登은 두 발[癶]로 서서 높은 곳에 제기[豆]를 올려놓는다는 데서 '오르다'의 뜻을 나타낸 글자로, '오르다' 라는 뜻으로 사용됩니다.

● 필순에 따라 登을 바르게 써 보세요.

오를 등

丿 ⺌ ⺌ ⺌ 癶 癶 癶 癶 登 登 登 登

● 다음 그림을 보고 문장의 (   )안에 알맞은 한자를 써 보세요.

그녀는 주말마다 북한산에
오른다(   ).

나는 계단을 오르다가(   )
잠시 멈추어 숨을 골랐다.

● 다음 거꾸로 된 글자의 훈[뜻]과 음[소리]을 써 보세요.

훈(뜻) :

음(소리) :

● 다음 밑줄 친 한자의 음[소리]을 바르게 고쳐 쓰세요.

문 그는 일주일에 한 번 정도 登山(둥산)을 하여 건강을 유지하고 있다.

··· [   ]

● 다음 중 밑줄 친 뜻에 맞는 한자를 골라 연결하세요.

> 모세가 여호와의 명령을 따라 그들과 함께 회중의 목전에서
> 호르 산에 오르니라 [민수기 20:27]

● 登(오를 등)이 쓰인 문장을 읽고, 한자어를 완성해 보세요.

登山
등산

단어풀이 : 산에 오름.
활용문장 : 허리에 좋은 운동으로는 登山이 최고다.

登	山				
오를 등	메 산				

登天
등천

단어풀이 : 하늘로 오름.
활용문장 : 용은 구름을 만나면 登天을 한다는 말이 있다.

登	天				
오를 등	하늘 천				

登校
등교

단어풀이 : 학생이 학교에 감.
활용문장 : 소녀는 소년을 본다는 설레는 마음으로 登校했다.

登	校				
오를 등	학교 교				

▌상대자 : 登 ⇔ 下 登(오를 등)의 상대자는 下(내릴 하)입니다.
▌상대어 : 登山 ⇔ 下山 등산(登山)의 상대어는 하산(下山)입니다.
　　　　　登校 ⇔ 下校 등교(登校)의 상대어는 하교(下校)입니다.
▌고사성어 : 登龍門(등용문), 登高自卑(등고자비)

 꽃 화

| 부수 | ⺾(풀 초) | 총획 | 8획 |

훈(뜻) : 꽃이라는 뜻입니다.

음(소리) : 화라고 읽습니다.

간체자

• 花(huā)화

花(꽃 화)의 변천 과정을 살펴보고, 어떻게 만들어졌나 잘 읽어보세요.

갑골문	전서	예서	해서
𦬊	⇨ 𦰩	⇨ 苍	⇨ 花

花는 싹눈(⺾)같은 봉오리가 변하여(化) 꽃이 된다는 뜻을 나타낸 글자로, '꽃'이라는 뜻으로 사용됩니다.

● 필순에 따라 花를 바르게 써 보세요.

● 다음 그림을 보고 문장의 (   )안에 알맞은 한자를 써 보세요.

봄이 되니 온갖 꽃(   )이 다 피는구나.

나비 한 마리가 날아와 꽃(   ) 위에 사뿐히 내려앉았다.

● 다음 거꾸로 된 글자의 훈[뜻]과 음[소리]을 써 보세요.

훈(뜻) :

음(소리) :

● 다음 밑줄 친 한자의 음[소리]을 바르게 고쳐 쓰세요.

문 나는 사론의 수선화요 골짜기의 白合花(백합하)로다 [아가 2:1]
··· [   ]

● 다음 중 밑줄 친 뜻에 맞는 한자를 골라 연결하세요.

그 나무에 세 가지가 있고 싹이 나서 꽃이 피고 포도송이가 익었고
[창세기 40:10]

●

● 花(꽃 화)가 쓰인 문장을 읽고, 한자어를 완성해 보세요.

春花
춘 화

단어풀이 : 봄에 피는 꽃.
활용문장 : 春花가 만발하는 봄이 왔다.

春	花						
봄 춘	꽃 화						

開花
개 화

단어풀이 : 꽃이 핌.
활용문장 : 아버지는 날마다 난의 開花를 기다리셨다.

開	花						
열 개	꽃 화						

國花
국 화

단어풀이 : 한 나라를 상징하는 꽃.
활용문장 : 대한민국의 國花는 무궁화이다.

國	花						
나라 국	꽃 화						

■ 동음이자 : 花(꽃 화)와 火(불 화), 化(될 화), 話(말할 화), 和(화할 화)
■ 사자성어 : 路柳墻花(노류장화), 春花秋月(춘화추월)
　　　　　　花朝月夕(화조월석), 月態花容(월태화용), 錦上添花(금상첨화), 雪膚花容(설부화용)

 풀 초

부수 ⺾(풀 초)   총획 10획

간체자

훈(뜻) : 풀이라는 뜻입니다.

음(소리) : 초라고 읽습니다.

• 草(cǎo)차오

草(풀 초)의 변천 과정을 살펴보고, 어떻게 만들어졌나 잘 읽어보세요.

갑골문	전서	예서	해서

草는 이른[早] 봄에 가장 먼저 싹이 돋아나는 것이 '풀[⺾]'이라는 뜻을 나타낸 글자로, '풀'이라는 뜻으로 사용됩니다.

● 필순에 따라 草를 바르게 써 보세요.

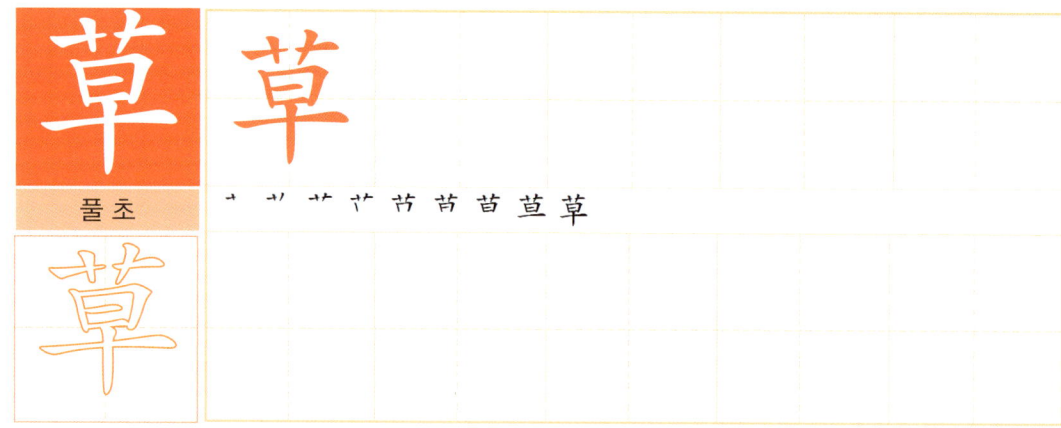

● 다음 그림을 보고 문장의 ( )안에 알맞은 한자를 써 보세요.

나는 하루 종일 산소의 풀(   )
을 베었다.

장마가 지나고 나자 정원에
풀(   )이 무성하게 났다.

● 다음 거꾸로 된 글자의 훈[뜻]과 음[소리]을 써 보세요.

훈(뜻) :

음(소리) :

● 다음 밑줄 친 한자의 음[소리]을 바르게 고쳐 쓰세요.

문 내가 산들과 언덕들을 황폐하게 하며 그 모든 草木(츠목)들을 마르게 하며 강들이 섬이 되게 하며 못들을 마르게 할 것이며 [이사야 42:15]
··· [   ]

● 다음 중 밑줄 친 뜻에 맞는 한자를 골라 연결하세요.

하나님이 이르시되 땅은 풀과 씨 맺는 채소와 각기 종류대로 씨 가진 열매 맺는 나무를 내라 하시니 그대로 되어 [창세기 1:11]

•

● 草(풀 초)가 쓰인 문장을 읽고, 한자어를 완성해 보세요.

草場 초 장
- 단어풀이 : 풀을 베어서 쓰는 빈 땅.
- 활용문장 : 草場 언덕으로 두루 다니며 여러 가지 푸른 풀을 찾느니라 [욥기39:8]

草 場
풀 초 / 마당 장

民草 민 초
- 단어풀이 : 백성을 질긴 생명력을 지닌 잡초에 비유하여 이르는 말.
- 활용문장 : 위기에 처한 국가를 피와 땀으로 지켜 온 주체는 항상 民草였다.

民 草
백성 민 / 풀 초

草地 초 지
- 단어풀이 : 풀이 나 있는 땅.
- 활용문장 : 그 草地에는 가축들이 뜯어먹을 부드러운 풀이 자라고 있다.

草 地
풀 초 / 땅 지

▎동음이의자 : 草(풀 초)와 初(처음 초)

복습 복습
앞에서 배운 한자를 확실하게 익히자!

1 다음 〈보기〉와 같이 한자의 뜻과 음을 쓰세요.

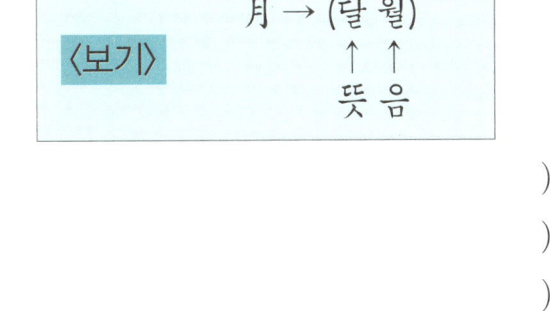

① 地 → (　　　　　　　　　)
② 面 → (　　　　　　　　　)
③ 登 → (　　　　　　　　　)
④ 化 → (　　　　　　　　　)

2 다음 〈보기〉와 같이 뜻과 음에 알맞은 한자를 쓰세요.

〈보기〉　달 월 → (月)

① 땅 지 → (　　　　　　　　　)
② 낯 면 → (　　　　　　　　　)
③ 꽃 화 → (　　　　　　　　　)
④ 풀 초 → (　　　　　　　　　)

3 다음 뜻에 해당하는 한자를 쓰세요.

① 땅 → (　　　　)　② 꽃 → (　　　　)
③ 낯 → (　　　　)　④ 풀 → (　　　　)

4 다음 한자어를 〈보기〉와 같이 독음하세요.

〈보기〉　一月 → (일월)

① 地面 → (　　　　)　② 前面 → (　　　　)
③ 花草 → (　　　　)　④ 草地 → (　　　　)

5 다음 ( )안에 알맞은 한자를 〈보기〉에서 찾아 써 보세요.

〈보기〉 草 地 花 面 登

원기처음 나뉘일때 탁한음기 땅( )됐고
앞에서본 사람얼굴 모양본떠 낯( )이며
제기들고 수레위로 올라가는 오를( )에
초목에핀 꽃( )이고 이른봄엔 풀( )로다

6 다음의 뜻·소리·한자를 서로 바르게 연결해 보세요.

땅 ·   · 면 ·   · 地

오르다 ·   · 초 ·   · 登

낯 ·   · 지 ·   · 面

풀 ·   · 등 ·   · 草

7 다음 □ 안에 알맞은 한자를 써 보세요.

天□   正□   □山   國□
천 지   정 면   등 산   국 화

8주 복습할 한자

秋 夕 夏 冬 春 來 同 色 地 面 登 花 草

1주 노래

파란벼가 불에탄듯 익어가는 가을秋에
해저물때 달이반쯤 보이니까 저녁夕자
머리혈과 두손두발 더위지친 여름夏며
사계절이 끝날무렵 물이어는 겨울冬자

2주 노래

초목들이 흙을뚫고 생장하는 봄春이고
보리곡식 하늘에서 내려왔네 올來이며
입은모두 덮여있는 아래라서 한가지同
얼굴색과 마음속은 부절같아 빛色이다

3주 노래

원기처음 나뉘일때 탁한음기 땅地됐고
앞에서본 사람얼굴 모양본떠 낯面이고
제기들고 수레위로 올라가는 오를登에
초목에핀 꽃花이고 이른봄엔 풀草로다

1 뜻과 음을 큰 소리로 읽으면서 한자를 쓰세요.

① 가을 추 秋

② 저녁 석 夕

③ 여름 하 夏

④ 겨울 동 冬

⑤ 봄 춘 春

⑥ 올 래 來

⑦ 한가지 동 同

⑧ 빛 색 色

⑨ 땅 지 地

⑩ 낯 면 面

⑪ 오를 등 登

⑫ 꽃 화 花

⑬ 풀 초 草

2 다음의 뜻과 음에 해당하는 한자를 쓰세요.

① 가을 추 → (   )　　② 저녁 석 → (   )

③ 여름 하 → (   )　　④ 겨울 동 → (   )

⑤ 봄 춘 → (   )　　⑥ 올 래 → (   )

⑦ 한가지 동 → (   )　　⑧ 빛 색 → (   )

⑨ 땅 지 → (   )　　⑩ 낮 면 → (   )

⑪ 꽃 화 → (   )　　⑫ 풀 초 → (   )

3 다음 한자어의 독음을 쓰세요.

① 秋夕 → (   )　　② 登校 → (   )

③ 春來 → (   )　　④ 立冬 → (   )

⑤ 同色 → (   )　　⑥ 正面 → (   )

⑦ 地面 → (   )　　⑧ 同生 → (   )

⑨ 花草 → (   )　　⑩ 春花 → (   )

⑪ 春秋 → (   )　　⑫ 青色 → (   )

4 다음 한자어의 독음을 쓰세요.

❶ 秋月(   )이 휘영청 밝은 밤이로구나!

❷ 당직 사관이 日夕(   )점호를 실시했다.

❸ 옛날의 가을은 입추부터 立冬(   )전날까지 석 달 동안이었다.

❹ 우리나라는 春夏(   )추동 사계절이 뚜렷하다.

❺ 우리 민족은 自來(   )로 흰옷을 많이 입어 왔다.

❻ 철수는 同生(   )이 자기보다 키가 크다고 투덜댔다.

❼ 그래도 그는 名色(   )이 선비라 욕을 할 수는 없었다.

❽ 안개만 땅에서 올라와 온 地面(   )을 적셨더라

❾ 소녀는 소년을 본다는 설레는 마음으로 登校(   )했다.

❿ 아버지는 날마다 난의 開花(   )를 기다리셨다.

⓫ 그는 영수의 面前(   )에다 욕을 퍼부어 댔다.

⓬ 春分(   )이 지나니 봄기운이 완연하구나.

5 다음 한자의 뜻과 음을 쓰세요.

❶ 春 ➡ (   )　　❷ 夏 ➡ (   )

❸ 秋 ➡ (   )　　❹ 冬 ➡ (   )

❺ 花 ➡ (   )　　❻ 草 ➡ (   )

❼ 同 ➡ (   )　　❽ 色 ➡ (   )

❾ 地 ➡ (   )　　❿ 面 ➡ (   )

⓫ 夕 ➡ (   )　　⓬ 來 ➡ (   )

6 다음 밑줄 친 한자어를 한자로 쓰세요.

① 우리 집은 매년 춘추로 가족 산행을 간다.
　　　　　　（　　　）

② 밝은 달밤이나 추석날 밤을 월석이라 한다.
　　　　　　　　　　　（　　　）

③ 입하도 훌쩍 지나고 이제 초여름으로 들어선 것 같다.
　（　　　）

④ 그는 항상 우울한 동심이다.
　　　　　　　（　　　）

⑤ 삼촌은 올해 하기로 한 결혼을 내년으로 미뤘다.
　　　　　　　　　　　　（　　　）

⑥ 나와 아버지는 초등학교 동문이다.
　　　　　　　　　　（　　　）

⑦ 눈이 와서 온통 백색의 세상이 되었다.
　　　　　　　（　　　）

⑧ 고장이 난 비행기가 지상으로 떨어지고 있었다.
　　　　　　　　（　　　）

⑨ 입춘이 지났지만 아직도 추위가 가시지 않고 있다.
　（　　　）

⑩ 이 조각은 정면에서 볼 때와 옆에서 볼 때가 영 딴판이다.
　　　　（　　　）

⑪ 허리에 좋은 운동으로는 등산이 최고다.
　　　　　　　　　　（　　　）

⑫ 대한민국의 국화는 무궁화이다.
　　　（　　　）

7 다음( )안에 알맞은 한자의 번호를 〈보기〉에서 찾아 쓰세요

<보기> ①冬 ②春 ③草 ④夏 ⑤來 ⑥登
⑦夕 ⑧同 ⑨地 ⑩秋 ⑪色 ⑫面 ⑬花

파란벼가 불에탄듯 익어가는 가을( )에
해저물때 달이반쯤 보이니까 저녁( )자
머리혈과 두손두발 더위지친 여름( )며
사계절이 끝날무렵 물이어는 겨울( )자

초목들이 흙을뚫고 생장하는 봄( )이고
보리곡식 하늘에서 내려왔네 올( )이며
입은모두 덮여있는 아래라서 한 가 지( )
얼굴색과 마음속은 부절같아 빛( )이다

원기처음 나뉘일때 탁한음기 땅( )됐고
앞에서본 사람얼굴 모양본떠 낯( )이며
제기들고 수레위로 올라가는 오를( )에
초목에핀 꽃( )이고 이른봄엔 풀( )로다

아하! 급수시험이 이거구나~♬
어문회 주관 한자능력검정시험 7급 예상문제 1회

[문제 1-32] 다음 밑줄 친 漢字語(한자어)의 音(음:소리)을 쓰세요.

[보기] : 漢字 → 한자

[1] 유다와 이스라엘의 人口가 바닷가의 모래 같이 많게 되매 [왕상 4:20]
[2] 그가 잠언 三千 가지를 말하였고 그의 노래는 천다섯 편이며 [왕상 4:32]
[3] 능히 그 主人의 마음을 시원하게 하느니라 [잠25:13]
[4] 그 글은 아람 文字와 아람 방언으로 써서 진술하였더라 [스 4:7]
[5] 그 아버지 이삭이 그에게 대답하여 이르되 네 住所는 땅의 기름짐에서 멀고 내리는 하늘 이슬에서 멀 것이며 [창 27:39]
[6] 나는 이번 算數 시험에서 만점을 받았다.
[7] 예수께서 즉시 이르시되 安心하라 나니 두려워하지 말라 [마 14:27]
[8] 네 하나님 여호와께서 지상 萬民 중에서 너를 자기 기업의 백성으로 택하셨나니 [신 7:6]
[9] 수고하는 農夫가 곡식을 먼저 받는 것이 마땅하니라 [딤후 2:6]
[10] 또 성전의 입구와 성소의 出口를 전심으로 주목하고 [겔 44:5]
[11] 이 문 入口에서 나 여호와 앞에 예배할 것이며 [겔 46:3]
[12] 싹이 나면 너희가 보고 여름이 가까운 줄을 自然히 아나니 [눅 21:30]
[13] 모든 산 動物은 너희의 먹을 것이 될지라 채소 같이 내가 이것을 다 너희에게 주노라 [창9:3]
[14] 立夏도 훨쩍 지나고 이제 본연히 초여름으로 들어선 것 같다.
[15] 이번에 秋冬에 입을 양복을 구입했다.
[16] 새벽녘에 수탉이 우는 소리가 온 洞里에 울려 퍼졌다.
[17] 來日 일은 來日이 염려할 것이요 한 날의 괴로움은 그 날로 족하니라 [마 6:34]
[18] 예수 그리스도는 어제나 오늘이나 영원토록 同一하시니라 [히 13:8]
[19] 靑色 자색 홍색 실과 고운 베로 휘장문을 짓고 [대하 3:14]
[20] 태초에 하나님이 天地를 창조하시니라 [창 1:1]
[21] 누가 능히 그의 面前에서 그의 길을 알려 주며 누가 그의 소행을 보응하랴 [욥 21:31]
[22] 그는 일주일에 한 번 정도 登山을 하여 건강을 유지하고 있다.
[23] 國旗는 바로 그 나라의 상징물이다.
[24] 草場 언덕으로 두루 다니며 여러 가지 푸른 풀을 찾느니라 [욥 39:8]
[25] 장로인 나는 사랑하는 가이오 곧 내가 참으로 사랑하는 자에게 便紙하노라 [요삼 1:1]
[26] 예수께서 대답하시되 낮이 열두 時間이 아니냐 사람이 낮에 다니면 이 세상의 빛을 보므로 실족하지 아니하고 [요 11:9]
[27] 나는 너희 중에 행하여 너희의 하나님이 되고 너희는 내 百姓이 될 것이니라 [레 26:12]
[28] 너는 장수하다가 평안히 祖上에게로 돌아가 장사될 것이요[창 15:15]
[29] 사람의 행위가 자기 보기에는 모두 正直하여도 여호와는 마음을 감찰하시느니라 [잠 21:2]
[30] 그 성 안에 있는 모든 것을 온전히 바치되 남녀 老少와 [수 6:21]
[31] 범사에 기한이 있고 천하 萬事가 다 때가 있나니 [전 3:1]
[32] 해와 空氣가 그 구멍의 연기로 말미암아 어두워지며 [계 9:2]

어문회 주관 한자능력검정시험 7급 예상문제 1회

[문제 33-52] 다음 漢字(한자)의 訓(훈:뜻)과 音(음:소리)을 쓰세요.

[보기] : 字 → 글자 자

[33] 下   [34] 車
[35] 手   [36] 內
[37] 記   [38] 平
[39] 足   [40] 孝
[41] 海   [42] 江
[43] 活   [44] 道
[45] 世   [46] 漢
[47] 力   [48] 左
[49] 方   [50] 話
[51] 家   [52] 電

[문제 53-54] 다음 밑줄 친 漢字語(한자어)에 맞는 것을 〈보기〉에서 골라 그 번호를 쓰세요.

[보기]
① 男子 ② 工夫 ③ 左右 ④ 春秋

[53] 공부는 늙어 죽을 때까지 해도 다 못한다.
[54] 어르신 춘추가 어떻게 되십니까?

[문제 55-64] 다음 訓(훈:뜻)과 音(음:소리)에 맞는 漢字한자를 보기에서 골라 그 번호를 쓰세요.

[보기]
① 育 ② 歌 ③ 花 ④ 林 ⑤ 邑
⑥ 重 ⑦ 夕 ⑧ 休 ⑨ 植 ⑩ 村

[55] 무거울 중   [56] 저녁 석
[57] 꽃 화   [58] 고을 읍
[59] 마을 촌   [60] 심을 식
[61] 수풀 림   [62] 쉴 휴
[63] 노래 가   [64] 기를 육

[문제 65-66] 다음 漢字(한자)의 상대 또는 반대되는 漢字한자를 보기에서 골라 그 번호를 쓰세요.

[보기] ① 前 ② 大 ③ 答 ④ 小

[65] (   ) ↔ 後
[66] 問 ↔ (   )

[문제 67-68] 다음 漢字語(한자어)의 뜻을 쓰세요.

[67] 主日
[68] 天心

[문제 69-70] 다음 漢字(한자)의 진하게 표시한 획은 몇 번째 획인지 숫자(1-9)로 쓰세요.

[69]

[70] 有

번호	정답	1검	2검	번호	정답	1검	2검	번호	정답	1검	2검
1	인구			25	편지			49	모 방		
2	삼천			26	시간			50	이야기 화		
3	주인			27	백성			51	집 가		
4	문자			28	조상			52	번개 전		
5	주소			29	정직			53	②		
6	산수			30	노소			54	④		
7	안심			31	만사			55	⑥		
8	만민			32	공기			56	⑦		
9	농부			33	아래 하			57	③		
10	출구			34	수레 차(거)			58	⑤		
11	입구			35	손수			59	⑩		
12	자연			36	안 내			60	⑨		
13	동물			37	기록할 기			61	④		
14	입하			38	평평할 평			62	⑧		
15	추동			39	발 족			63	②		
16	동리			40	효도 효			64	①		
17	내일			41	바다 해			65	①		
18	동일			42	강 강			66	③		
19	청색			43	살 활			67	기독교에서 '일요일'을 이르는 말		
20	천지			44	길 도			68	하늘의 뜻		
21	면전			45	세상 세			69	8		
22	등산			46	한수 한			70	1		
23	국기			47	힘 력						
24	초장			48	왼 좌						

참똑똑한 한글달인의 특징

글을 깨우쳐야 생각하는 힘이 생깁니다.

- **1단계에서 예비 1학년 과정(마무리 학습)**
  어린이 학습 능력에 따라 1단계에서 6단계까지 구성되었고 사고력, 응용력, 관찰력을 높여주는 체계적인 학습 프로그램입니다.

- **닿소리, 홀소리 학습에서 문장까지**
  닿소리, 홀소리 학습부터 낱말 문장을 모두 다루어 한글의 기초를 다져 줍니다.

- **정밀하게 그려진 사진 자료**
  낱말에 적당한 그림을 많이 활용하였습니다.

- **창의력 학습**
  어린이의 생각을 자연스럽게 표현하도록 계발한 학습과정을 통해 창의력과 생각하는 힘이 쑥쑥 자라납니다.

몇 단계부터 시작해야 할까요?

	단계선택	내용구성
받침이 없는 낱말	사물의 이름은 알지만 쓰지 못한다.	**1단계** 쓰기의 기초 : 선긋기, 닿소리, 홀소리 익히기 글자 모양익히기・낱자 익히기(가~하)
	사물의 이름은 알고 받침 없는 글자를 어느 정도 읽고 쓸 줄 안다.	**2단계** **1단계 되돌아 보기** 글자의 합성(닿소리+홀소리) 받침 없는 낱말 익히기(가, 나~퍼, 허)
		3단계 글자의 합성(닿소리+홀소리) 받침 없는 낱말 익히기(고, 노~투, 후)
		4단계 글자의 합성(닿소리+홀소리) 받침 없는 낱말 익히기(그, 느~표, 휴)
받침이 있는 낱말	받침없는 낱말을 읽고 쓸 줄 알지만 받침 있는 글자는 잘 모른다.	**5단계** **받침없는 낱말 되돌아 보기** 글자와 받침의 조합 받침 있는 낱말 학습(받침 ㄱ, ㄴ~ㅂ)
	받침이 있는 글자를 잘 모른다.	**6단계** **5단계 되돌아 보기** 받침 있는 낱말학습(ㅂ, ㅅ~ㄹ, ㅁ) 겹홀소리 학습(ㅐ, ㅔ~ㅙ, ㅓ) 글읽기(독해력)

참똑똑한 수학달인의 특징

수학의 기초는 곧 계산력!

○ **1단계에서 예비1학년 과정(마무리학습)까지**
어린이의 학습 능력에 따라 1단계에서 6단계까지 구성되었고 사고력과 응용력을 높여주는 체계적인 학습 프로그램입니다.

○ **수 개념 학습에서 덧셈·뺄셈까지**
기초부터 차근차근 알고 넘어가면서 완벽한 기초를 쌓도록 구성되었고 영역별로 구성하여 초등학교 교과 과정과의 연계성을 살렸습니다.

○ **정밀하게 그려진 사진 자료**
수세기의 적당한 그림을 많이 활용하였습니다.

○ **창의력 학습**
어린이의 생각을 자연스럽게 표현하도록 계발한 학습 과정을 통해 창의력과 생각하는 힘이 쑥쑥 자라납니다.

몇 단계부터 시작해야 할까요?

	단계 선택	내용 구성
연산편	**1단계** 1~10까지 수를 세지만 정확하지 않다. 1~10까지 읽을 줄 안다.	• 선긋기 비교하기 짝짓기(1:1 대응) • 1~10까지 수 쓰고 익히기, 수의 순서 • 5 이내의 수 모으기와 가르기
	2단계 1~10까지 수를 세고 쓸 줄 안다. 덧 뺄셈이 가능하다.(5이하 수)	• 10 이내 수 덧, 뺄셈, 수 모으기와 가르기 • 10 이내의 덧, 뺄셈의 어떤 수 알기
	3단계 1~99까지의 수를 완전히 세고 쓸 줄 안다. 덧 뺄셈이 가능하다.(5이하 수)	**2단계 되돌아 보기** **(10이내의 수 덧, 뺄셈, 두자리 수 알기)** • 두 자리수 + 한 자리 수(받아올림이 없는 수) • 두 자리수 - 한 자리 수(받아내림이 없는 수) • 한 자리수 + 한 자리 수(받아올림이 있는 수)
	4단계 두자리 수와 한 자리 수의 덧 뺄셈이 가능하다(받아올림이 없는 수)	**3단계 되돌아보기** **(두 자리 수와 한자리 수 덧, 뺄셈)** • 두 자리 수와 한 자리 수 덧, 뺄셈 (받아올림과 내림수) • 시계 보기(1시간 단위, 30분 단위 시간 알기)
	5단계 두자리 수와 한 자리 수 받아올림과 내림이 가능하다.	**4단계 되돌아보기** **(두 자리 수와 한자리 수 덧, 뺄셈)** (받아올림과 내림이 있는 수, 시계 보기 몇시30분) • 두 자리 수와 두 자리 수 덧, 뺄셈 (받아올림과 내림수) • 시계 보기 5분 단위 알기 • 이야기식 문제
사고력	**6단계** 마무리 학습. 예비 1학년 초등학교 1, 2학년	초등학교 교육과정에 따라 영역별로 구성 여러가지 이야기식문제, 사고력과 창의력

기초탄탄한글공부(전6권)
창의력 개발을 위한 단계별 학습

우리말 한글은 소리글자로써 아이들이 처음 말하기 시작하여 3~4세가 되면서 글자에 대한 호기심을 갖게 됩니다. 총체적인 언어 교육은 풍부한 낱말을 바탕으로 말하기와 듣기, 읽기와 쓰기가 잘 어우러져 완전한 학습이 이루어짐과 같이 아이들이 호기심으로부터 지속적으로 학습에 흥미를 가질 수 있도록 글의 내용에 어울리는 그림과 낱말의 읽기와 쓰기를 충분하게 넣어 창의력 개발을 위한 단계별 학습 프로그램으로 편집하였습니다.

**선긋기, 지각능력 테스트
자음, 모음 익히기**

선긋기
닿소리 익히기
홀소리 익히기
ㄱ 낱말 익히기
ㄴ 낱말 익히기
ㄷ 낱말 익히기
ㄹ 낱말 익히기
ㅁ 낱말 익히기
ㅂ 낱말 익히기

**읽기, 쓰기 기본 받침 있는
낱말공부**

되돌아보기
낱말 맞추기
ㄷ 받침 익히기
ㄹ 받침 익히기
ㅁ 받침 익히기
ㅂ 받침 익히기
ㅅ 받침 익히기

**단어의 구성
받침 없는 낱말공부**

ㅅ 낱말 익히기
ㅇ 낱말 익히기
ㅈ 낱말 익히기
ㅊ 낱말 익히기
ㅋ 낱말 익히기
ㅌ 낱말 익히기
ㅍ 낱말 익히기
ㅎ 낱말 익히기
낱말 익히기

**조사, 꾸미는 말
어려운 받침 있는 낱말공부**

되돌아보기
받침 익히기
겹받침 익히기
겹홀소리 익히기
주제별 낱말 익히기
연결말 익히기
시제 익히기

**단어의 어휘력
기본 받침 있는 낱말공부**

되돌아보기
낱말 맞추기
ㄱ 받침 익히기
낱말 익히기
받아쓰기
ㄴ 받침 익히기
낱말 익히기
교통표지 익히기
받아쓰기

**어휘와 문장이해,
1학년 교과과정**

되돌아보기
도와주는 말, 임자말, 풀이말,
꾸밈말 익히기
문장 만들기
문장부호 익히기
글자모양 익히기
인사하기
마무리평가